软土地层中地铁隧道长期运营沉降规律与预测研究

徐学勇　徐东升　著

武汉理工大学出版社
·武　汉·

内容提要

随着城市地铁工程建设的迅猛发展，地铁运营所引起的地基长期沉降问题越来越受到人们的重视，特别是在沿海沿江地区，建设在软土地层中的地铁隧道因长期运营所造成的沉降问题更为突出。

本书依托杭州、宁波等软土地区地铁结构长期沉降监测项目，通过室内试验、现场监测、数值模型及理论分析等研究方法，开展了地铁隧道在长期运营过程中的沉降规律和预测研究。该项目针对饱和软黏土进行了一系列的循环动力试验，得到不同荷载作用下饱和软黏土的变形特性曲线，分析饱和软黏土在不同循环动力荷载作用下不同时间点的响应特性。通过统计杭州、宁波等软土地区地铁结构长期沉降监测数据，对不同结构形式、不同地层、不同结构连接处的沉降数据进行对比分析，研究各工程结构沉降之间的关系，寻找和确定地铁结构长期沉降的薄弱点，并对引发地铁结构长期沉降的原因进行分析。进一步，建立了循环荷载作用下的多层土体模型，提出了一种考虑蠕变特性的软土地基沉降新型简化算法，并结合工程实例对不同时间点的长期沉降进行预测。

本项目研究成果可以为类似隧道工程施工期、运营期变形分析及控制提供有益的参考，为在城市轨道交通工程勘察、设计及工程安全运营等领域的市场开拓提供技术支撑。

作者简介

徐学勇，博士，正高级工程师，一级注册建造师，主要从事环境岩土工程、地下空间开发技术研究。主持国家、省部级科研项目 10 余项，授权发明专利 20 项，参与制定国家、行业标准 6 部，获得省部级科技成果奖 9 项。南太湖精英计划科技创新领军人才，武汉市有突出贡献中青年专家，黄鹤英才计划入选者，国家科技项目评审专家。

徐东升，教授，博导，国家优秀青年科学基金获得者，主要从事珊瑚礁工程地质研究。主持国家基金 3 项、企业横向项目 20 余项。发表论文 80 余篇，其中 SCI 检索论文 50 余篇；授权发明专利 17 项、软件著作权 11 项。国际工程地质与环境学会海洋工程地质委员会理事，中国土木工程学会土力学港口分会理事，中国岩石力学与工程学会地质与岩土工程智能监测分会理事。

图书在版编目(CIP)数据

软土地层中地铁隧道长期运营沉降规律与预测研究/徐学勇，徐东升著. —武汉：武汉理工大学出版社，2024.7

ISBN 978-7-5629-6894-8

Ⅰ. ①软…　Ⅱ. ①徐…　②徐…　Ⅲ. ①软土地区-地铁隧道-地面沉降-研究　Ⅳ. ①U231.3

中国国家版本馆 CIP 数据核字(2023)第 213190 号

项目负责人：汪浪涛　　**责任编辑**：黄玲玲
责任校对：张莉娟　　**版式设计**：芳华时代
出版发行：武汉理工大学出版社
社　　址：武汉市洪山区珞狮路 122 号
邮　　编：430070
网　　址：http://www.wutp.com.cn
经　　销：各地新华书店
印　　刷：武汉邮科印务有限公司
开　　本：787mm×1092mm　1/16
印　　张：7.25
字　　数：192 千字
版　　次：2024 年 7 月第 1 版
印　　次：2024 年 7 月第 1 次印刷
定　　价：78.00 元

凡购本书，如有缺页、倒页、脱页等印装质量问题，请向出版社发行部调换。
本社购书热线电话：027-87391631　87664138　87523148

前　言

城市地铁轨道交通工程具备运量大、速度快、污染小等优点，对改善出行条件、解决城市交通拥堵、节约土地资源、促进节能减排、引导城市布局调整、推动城市经济发展等发挥了重要作用。随着城市地铁工程建设的迅猛发展，地铁轨道运营所引起的地基长期沉降问题越来越受到人们的重视，特别是在沿海沿江地区，建设在软土地层中的地铁隧道因长期运营所造成的沉降问题更为突出。

国内外学者通过对大量地铁隧道工程长期沉降实测数据的研究分析表明：在软土地层中地铁隧道产生的沉降，一方面是路基荷载或隧道施工产生的超孔压消散所引起的固结沉降；另一方面是地铁长期运营循环振动荷载所产生的长期固结沉降，占总沉降的30%～90%。伴随着地铁轨道交通项目的建设、开发和使用，地铁隧道的过大沉降将严重影响地铁的正常使用，还会影响地面建(构)筑物的安全，从而导致严重的经济损失和造成社会负面影响。

因此，开展软土地层中地铁隧道长期运营沉降规律及监测预测技术研究，对保障地铁运营安全和降低环境影响等均具有重要的现实意义，对同类地层中轨道交通项目的勘测、设计和施工有重要的参考价值。

本书依托杭州、宁波等软土地区地铁结构长期沉降监测项目，通过室内试验、现场监测、数值模型及理论分析等研究方法，开展地铁隧道在长期运营过程中的沉降规律和预测研究。我们针对饱和软黏土进行了一系列的循环动力试验，得到不同荷载作用下的饱和软黏土的变形特性曲线，分析饱和软黏土在不同循环动力荷载作用下、不同时间点的响应特性。通过统计杭州、宁波等软土地区地铁结构长期沉降监测数据，对不同结构形式、不同地层、不同结构连接处的沉降数据进行对比分析，研究各工程结构沉降之间的关系，寻找和确定地铁结构长期沉降的薄弱点，并对引发地铁结构长期沉降的原因进行分析。进一步，又建立了循环荷载作用下的多层土体模型，提出了一种考虑蠕变特性的软土地基沉降新型简化算法，并结合工程实例对不同时间点的长期沉降进行预测。

本书中的部分实测数据和工程地质勘察资料由中国电建集团华东勘测设计研究院有限公司提供，在此表示衷心感谢！

本书研究成果可以为类似隧道工程施工期、运营期变形因素分析及控制提供有益的参考，为在城市轨道交通工程勘察、设计及工程安全运营等领域的市场开拓提供技术支撑。

由于作者水平所限，书中难免存在疏漏，恳请读者批评指正！

作　者

2024 年 4 月

目　　录

1 概　述

1.1 研究背景

近年来，随着国家经济发展和城市化进程的加快，城市经济区域布局发生很大变化，大城市聚集和辐射效应越来越强烈，城市流动人口大大增加，居民出行更为频繁，而城市基础设施建设相对滞后，导致公共交通问题越来越突出，严重影响了经济建设的进程。城市地铁轨道交通工程以其运量大、速度快、污染小等优点，在世界各大城市的交通系统中正发挥着不可替代的作用。我国许多大城市如北京、上海、广州、杭州、深圳等已大规模兴建地下轨道交通工程，并已初步形成较为便捷的轨道交通网络。截至 2023 年 3 月，北京已有地铁运营线路 27 条，运营里程 807 千米。截至 2021 年 12 月，上海有地铁运营线路 20 条，运营里程总长 831 千米。截至 2023 年 2 月，杭州有 12 条地铁运营线路，运营里程约 516 千米。地铁交通的迅速发展，对改善出行条件、解决城市交通拥堵、节约土地资源、促进节能减排、引导城市布局调整、推动城市经济发展等发挥了重要作用。

目前，在我国长三角、珠三角区域，大部分地铁隧道建在软弱的第四纪沉（冲）积软土层中，该土层土体主要由淤泥沉积物及少量腐殖质所组成，且具有抗剪强度低、含水率高、天然孔隙比大、灵敏度高、压缩性和流变性高等显著的工程特性。地铁运行时的振动荷载作为一种特殊的循环荷载，既不同于静荷载，也不同于地震荷载，而是长时间往复施加的循环振动荷载。原始地层经振动扰动后强度明显降低，且在长时间内存在主固结和次固结沉降，非常不利于隧道结构的沉降稳定，长期、过大的沉降变形会对地铁结构防水性能及耐久性构成威胁，而严重的不均匀沉降甚至会直接影响地铁轨道的平整度、乘坐舒适度以及地铁的安全运营。

研究表明，在软土地层中地铁隧道产生的沉降，一方面是路基荷载或隧道施工产生的超孔压消散所引起的固结沉降；另一方面是地铁长期运营循环振动荷载所产生的长期固结沉降。据 Shirlaw 等在研究大量隧道长期沉降实测数据的基础上得出的结论，长期固结沉降占总沉降的 30％～90％。

软土地基沉降组成示意图如图 1.1 所示。

随着城市地铁工程建造的迅猛发展，地铁运营所引起的地基长期沉降问题越来越受到人们的重视，特别是在沿海沿江地区，建设在软土地层中的地铁隧道因长期运营所造成的沉降问题更为突出。

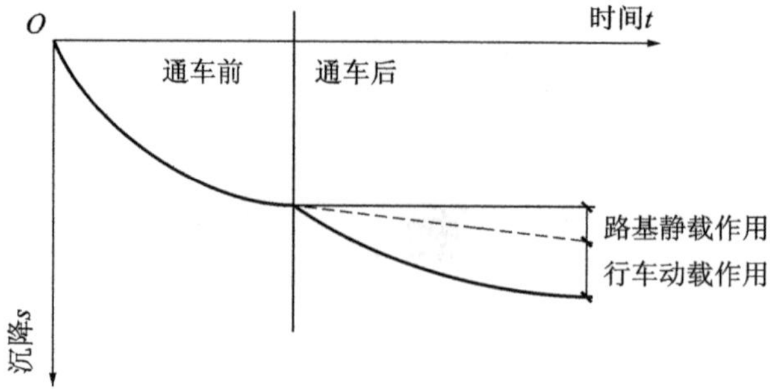

图 1.1　软土地基沉降组成示意图

隧道不均匀沉降会使隧道产生弯曲变形，导致隧道接缝张开，从而加剧管片渗漏；而隧道过大沉降也会影响轨道的平整性、乘坐的舒适性和行车的安全性，并会导致地铁维护费用大为增加。以建于软土地层中的上海地铁 1 号线为例，自 1995 年 4 月正式建成投入运营以来，经过长期的变形监测发现，隧道在长期运营中的沉降及不均匀沉降相当大，许多隧道段的沉降和不均匀沉降一直在发展，而且没有收敛的趋势。监测资料表明，截至 2001 年年底，人民广场站至新闸路站之间隧道最大累计沉降量超过 200 mm，黄陂南路至人民广场站之间隧道差异沉降量近 100 mm。过大的不均匀变形已对隧道的结构、接头防水构成威胁。到目前为止，虽然管片遭到破坏的情况极少，但在上海地铁 1 号线已发现道床与管片之间发生开裂的现象。

伴随着地铁轨道交通项目的建设、开发和使用，这些地层中的工程问题逐渐显现出来，长此以往将严重影响地铁的正常使用。地铁隧道的过大沉降还会影响地面建(构)筑物的安全，从而导致严重的经济损失和造成社会负面影响。因此，开展软土地层中地铁隧道长期运营沉降规律及监测预测技术研究，对保障地铁运营安全和降低环境影响等均具有重要的现实意义，对同类地层中轨道交通项目的勘测、设计和施工也有重要的参考价值。其他类似的基础交通设施，如高速铁路、高速公路、飞机跑道、过江隧道以及近海建(构)筑物等，也是受到长期循环荷载的作用，都存在长期运行沉降变形、工程稳固性、耐久性问题。因此，本项目的研究具有广泛且重要的实际应用价值。

1.2　研究内容和研究方法

1.2.1　研究内容

(1)针对交通循环荷载作用下的地基土体的受力特点，本项目设计了室内不排水动力三轴试验，利用土体三轴流变试验机和三头电子蠕变试验机来模拟循环荷载，研究不同动应力幅值、固结围压、振动频率、循环周期等对土体的动力特性的影响，通过试验结果对比，研究影响软黏土动力特性的控制性参数。

(2)研究各工程结构沉降之间的关系，寻找和确定地铁结构长期沉降的薄弱点，并对地铁结构长期沉降的原因进行综合分析。

(3)研究软土地区地铁隧道长期沉降变形的影响因素和影响程度，并对影响因素进行分类。

(4)建立循环荷载作用下的多层土体模型，提出了一种考虑蠕变特性的软土地基沉降新型简化算法，并结合工程实例对不同时间点的长期沉降进行预测。

1.2.2 研究方法

本项目通过室内试验、现场监测、数值模型及理论分析等研究方法，对地铁隧道在长期运营过程中的沉降规律进行预测研究。

1.2.2.1 循环荷载作用下软土地基固结变形特性

(1)采用高精度动三轴试验设备，对典型软土开展应力控制的循环三轴试验，研究饱和软土在循环荷载作用下的应变、孔压等特性。重点研究不同围压、荷载频率、循环应力比对软土动力特性的影响特征，考虑各种因素对动孔压的影响，建立动孔压增长、消散模型。

(2)采用模型试验方法，模拟地铁运营工况，测试不同运营周期内地铁隧道结构沉降量，同时测试不同深度范围土层沉降、土体应力、孔压等参数，综合分析和预测不同运营周期内地铁隧道结构变形沉降规律和沉降量。

1.2.2.2 地铁隧道长期运营沉降监测与分析

(1)人工水准测量和静力水准自动化监测技术在观测精度、实施难度、费用等方面各有利弊。通过研究两项监测技术在地铁沉降中的测点布设、安装埋设、监测实施方法，分析比较人工测量与静力水准测量技术的精度、效益、应用效果等，为地铁隧道长期监测技术提供借鉴。

(2)通过统计杭州、宁波等软土地区地铁结构长期沉降监测数据，对不同结构形式(车站、隧道及旁通道等)、不同地层、不同结构连接处(车站与隧道连接处及旁通道与隧道连接处等)的沉降数据进行对比分析，研究各工程结构沉降之间的关系，寻找和确定地铁结构长期沉降的薄弱点，并对地铁结构长期沉降的原因进行综合分析。

1.2.2.3 地铁隧道长期沉降计算及预测

(1)考虑列车循环振动荷载影响，应用数值模拟、解析方法及经验方法进行沉降变形计算，同时结合原位监测数据，对地铁隧道长期沉降计算方法及计算成果进行综合评价。

(2)根据已有的近五年杭州地铁1号线变形监测的数据，分析沉降数据，通过岩土工程反分析方法，拟合和修正已有的地铁长期沉降预测模型，对模型预测效率和预测精度进行优化，并基于多年来的沉降数据建立数学模型，预测未来地铁隧道的沉降，结合对比分析已有的理论模型和数值模型，进一步优化长期沉降预测模型。

研究技术路线图如图1.2所示。

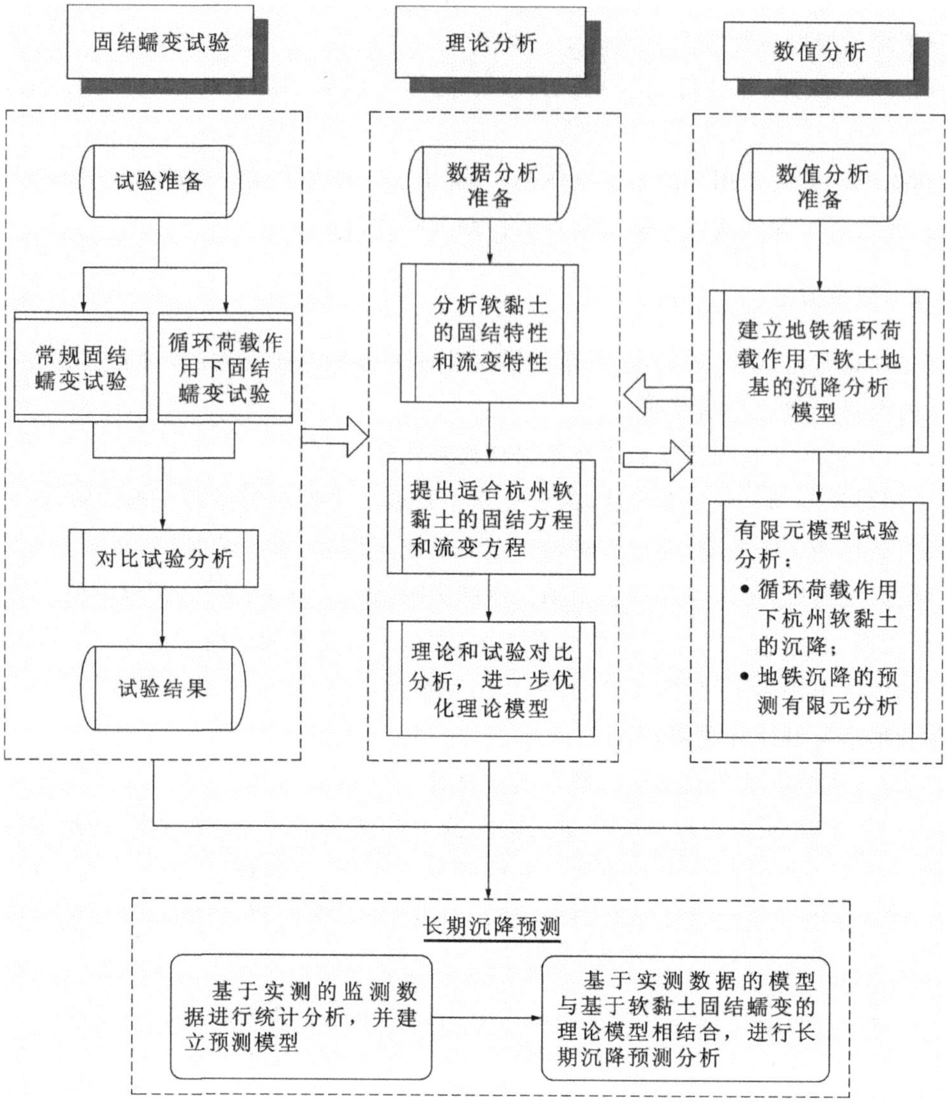

图 1.2　研究技术路线图

1.3　技术难点和创新点

1.3.1　技术难点

(1)室内试验需模拟地铁循环荷载作用特性及原始地层结构特征，因此，需结合具体地铁工程，一方面充分分析运营期循环荷载作用特性，确定荷载作用模式；另一方面收集实际的地层地质资料，分析地层结构特征，从而保证试验的有效性和相似性。

(2)静力水准自动化监测技术对仪器埋设安装要求较高、测试受外界环境影响较大，同时要求配套使用自动化数据采集及数据处理系统，实施起来难度相对较大。

(3)当前的沉降计算及预测影响因素多、关系错综复杂，给机理分析带了较大困难，直接影响地铁长期沉降计算及预测模型的建立。较精准地考虑各因素对于长期沉降的影响因子及权重，是地铁长期沉降计算及预测分析模型建立的基础。

1.3.2 创新点

(1)目前地铁沉降特性研究方面，施工期及工后短期内的研究成果较多，但长期运营周期下的沉降特性研究尚不多见。本项目结合杭州地铁1号线、宁波地铁1号线等工程，研究长期运营荷载作用下的沉降问题，可为该地区后续地铁工程建设提供参考和借鉴。

(2)研究不同围压、荷载频率、循环应力比对软土动力特性的影响，考虑各种因素对动孔压的影响，建立长期循环荷载下饱和软土动孔压模型。

(3)研究地铁隧道的长期沉降监测的人工水准测量和静力水准自动化监测技术，可为后续的地铁沉降监测提供技术借鉴。

(4)基于杭州地铁1号线、宁波地铁1号线等工程长期沉降监测数据，通过岩土工程反分析方法，拟合和修正已有的地铁长期沉降预测模型，进一步建立了循环荷载作用下的多层土体模型，提出了考虑蠕变特性的软土地基沉降新型简化算法。

2 循环荷载作用下软土地基固结变形研究

2.1 变形试验概况

2.1.1 试样制备

本项目试验土样取自杭州地铁 1 号线沿线，土层埋深 22.6～25.4 m。该层土体是杭州地铁 1 号线大部分区间隧道的下卧层，是产生长期沉降的主要土层，因此本项目试验的土样取自该地层。本试验试样根据《土工试验方法标准》(GB/T 50123—2019)的要求制备。

针对现场取得的土样，测得其基本的物性参数后进行密封保存。试验前，置入特定仪器进行先期固结，根据不同试验采用不同先期固结压力。该特定仪器为一种多功能模型试验箱，此模型试验箱结构设计新颖合理，可用于多种土工试验，并可施加长时间恒定荷载于试样，工作可靠性高、使用寿命长、使用效果好。该模型试验箱结构示意图如图 2.1 所示。

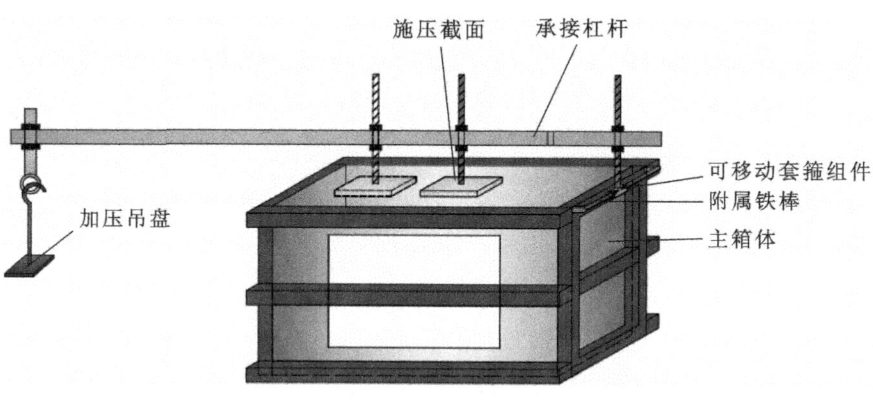

图 2.1 多功能模型试验箱结构示意图

标准固结试验中，快速固结试验与常规固结试验采用同种大小试样，制样时将根据环刀容积和要求干密度的湿土倒入装有环刀的压样器内，并通过上述多功能模型试验箱施加一定静压力的先期固结压力进行预压制样，量测施压截面下降位移，若每小时沉降量小于 0.01 mm，则判断预压完成，取出带有试样的环刀，称取环刀和试样总质量，并取余土测定试样的含水率。标准尺寸固结试验土样如图 2.2 所示。

大尺寸固结试验中，将根据 CDSS 仪器容积和要求干密度的湿土倒入压样器内，并通过上述多功能模型试验箱施加一定静压力的先期固结压力进行预压制样，量测施压截面下降位移，若每小时沉降量小于 0.01 mm，则判断预压完成，取出试样，称取试样总质量，用切土器将土样按规定的高度将两端削平，并取余土测定试样的含水率。

图 2.2 标准尺寸固结试验土样

三轴固结试验中,将根据试样体积和要求干密度所需最小质量的 2～2.5 倍湿土倒入特定压样器内,并通过上述多功能模型试验箱施加一定静压力的先期固结压力进行预压制样,量测施压截面下降位移,若每小时沉降量小于 0.01 mm,则判断预压完成,将取出的土柱放在切土架上,用切土器切削土样,边削边压切土器,直至切削到超出试样高度约 2 cm 为止。取出试样,按规定的高度将两端削平,称量,并取余土测定试样的含水率。

2.1.2 标准长周期和短周期的固结试验

2.1.2.1 试验目的及方案

1.试验目的

固结试验是用来研究测定土体在一维条件下的变形特性的试验方法,是测定土体在轴向压力作用下的压缩特性,其试验目的是测定试样在侧限与轴向排水条件下的变形与压力、变形与时间之间的关系,试验所得的各项压缩指标用来判断土体的压缩特性和计算土工建筑物与地基的沉降。国内外经常使用的固结试验方法是增量分级加荷法,该方法是建立在太沙基一维固结理论的基础之上的。

针对本次试验土样,常规固结试验比较可靠,是被普遍认可的,为《土工试验方法标准》(GB/T 50123—2019)(以下简称《标准》)推荐使用的方法。但该方法有一些缺点:①试验所需的时间较长。按照《标准》要求,分级加载的每级荷载要作用 24 h,这样完成一个固结试验所需的最终时间要 9 d 左右,若需进行回弹试验,则时间更长。②试验获得的数据少而且比较分散,致使试验得到的曲线不连续,影响测定参数的准确性。③固结试验过程中沿试样高度的有效应力分布不均匀,根据有效应力原理,靠近排水面的有效应力最大,靠近不排水面处的有效应力最小,水力梯度沿高度方向变化相当大,致使有效应力沿试样高度分布不均匀,造成了试样的压缩性分布不均匀。但标准固结试验也有其优点,对于快速法固结试验、连续加载试验来说,常规固结试验的试验结果更可靠。

本次试验也进行了几组快速固结试验用以和常规固结试验结果作对比,因为《标准》推荐的时间平方根法计算固结系数时,要求土体固结度达到 90%,大量的试验表明:高度为 2 cm 的试样在荷载作用下 1 h 的固结度一般可达到 90%以上(24 h 稳定标准)。因此,快速固结试验把每级荷载的加载时间缩短到 1～2 h,最后对试验结果进行校正,可得到与常规固结试验近似的结果。此法大大缩短了试验时间,得到了相当广泛的应用。有研究指出,对于高度为 2 cm的试样,在每级压力的作用下,常见土体完成主固结(固结度达到 99%)需要的时间不超过4 h,粉土和粉质黏土则少于 1 h。并建议对不同的土质采用不同的加载时间进行试验研究。

本试验通过标准固结试验来测定土的压缩性指标,主要包括土的压缩系数 a_v、压缩指数 C_c 及固结系数 C_v 等,为估算建筑物沉降量及历经不同时间的固结度提供必备的计算参数。

2. 试验方案

本试验在 WG 型单杠杆三联中压、高压固结仪上进行,采用多级加载方式,试样双面排水。

本次试验中,当需要读取次固结变形时,每级加载历时达 1 d,取固结稳定控制标准为 1 h 变形量不超过百分表最小分格的一半(0.005 mm),即当沉降速率小于 0.005 mm/h 时才进行下一级荷载的施加;当不进行回弹与再压缩试验时,每级荷载维持 24 h。

2.1.2.2　仪器设备及操作步骤

1. 仪器设备

本次试验所用的主要仪器设备由环刀、护环、透水板、加压设备和百分表等组成,如图2.3、图 2.4 所示。

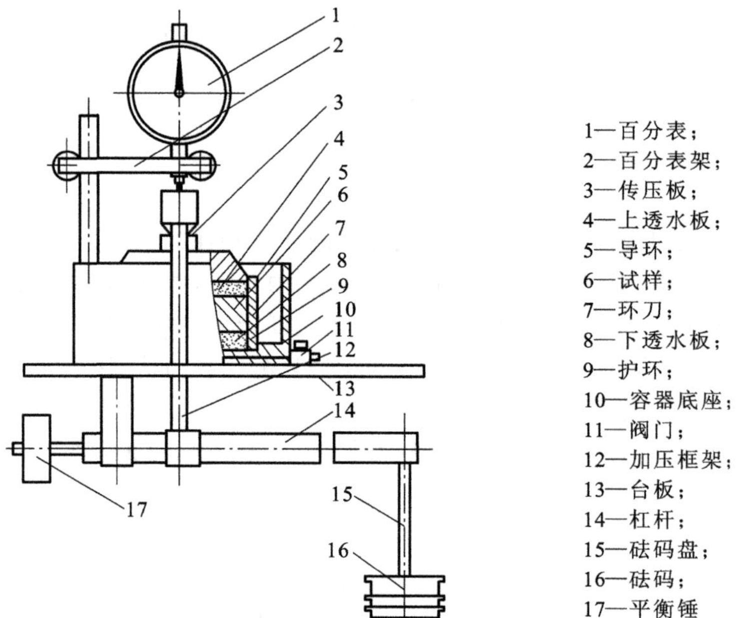

图 2.3　固结仪示意图

(1)固结容器:由环刀、护环、透水板、水槽、加压上盖组成。

(2)环刀:高 20 mm、内径为 61.8 mm。环刀应具有一定的刚度,内壁应保持较高的光洁度,宜涂抹一薄层硅脂或聚四氟乙烯。

(3)加压设备:应能垂直地在瞬间施加各级规定的压力,且没有冲击力,压力准确度应符合现行国家标准《岩土工程仪器基本参数及通用技术条件》(GB/T 15406—2007)的规定。

(4)变形量测设备:量程为 10 mm,最小分度值为 0.01 mm 的百分表或准确度为全量程 0.2%的位移传感器。

(5)其他:开土刀、滤纸等。

图 2.4　现场固结仪工作图

2. 试验操作步骤

(1)试样制备

试验根据《土工试验方法标准》(GB/T 50123—2019)的要求进行制备。

(2)量测试样基本属性

试样的基本属性如表 2.1 所示。

表 2.1　试样的基本属性

土样	1	2	3
初始含水率 ω/%	40.03	41.32	41.25
土粒相对密度 G_s	2.75	2.75	2.75
土的密度 ρ/(g/cm^3)	1.884	1.905	1.905
初始孔隙比 e	1.122	1.097	1.121
试验初始高度 h/mm	20	20	20

(3)固结试验

①在固结容器内放置护环、透水板和薄型滤纸，将带有试样的环刀装入护环内，放上导环，试样上依次放上薄型滤纸、透水板和加压上盖。并将固结容器置于加压框架正中的位置，使加压上盖与加压框架中心对准，然后安装百分表。

②施加 1 kPa 的预压力使试样与仪器上下各部件之间接触良好，测读百分表初始读数。

③ 按照试验安排中的压力等级加压。

④ 所有试样均为饱和试样，施加第一级压力后应立即向水槽中注水浸没试样。

⑤ 施加每一级压力后按照下列时间顺序测记试样的高度变化。时间为 6 s、15 s、1 min、

2 min 15 s、4 min、6 min 15 s、9 min、12 min 15 s、16 min、20 min 15 s、25 min、30 min 15 s、36 min、42 min 15 s、49 min、64 min、100 min、200 min、400 min、23 h、24 h，直至稳定为止。

⑥ 试验结束后吸去容器中的水，迅速拆除仪器各部件，取出整块试样，测定含水率。

2.1.3　大尺寸固结试验

2.1.3.1　试验目的及方案

1. 试验目的

参照标准固结试验进行对比试验，试验土样尺寸为高 60 mm、直径 305 mm。本试验主要考虑在尺寸效应下饱和软黏土的沉降问题，观察分析两种不同尺寸土样在相同试验方案下，所得土的相关压缩性指标是否有较大差距，并根据试验数据验证一种新型计算饱和软黏土沉降问题的模型适用性。

2. 试验方案

试样按照 2.1 节中大尺寸固结试验制备方法制备，初始固结应力为 10 kPa。试验在大型循环单剪仪(Cyclic Direct Simple Shear，CDSS)上进行，采用多级加荷方式，试样双面排水具体固结试验方案详见表 2.2。

表 2.2　大尺寸固结试验方案

试验方案	压力/kPa	持续时间/d
1	50	1
2	100	1
3	200	1
4	300	1
合计	共 4 d	

2.1.3.2　仪器设备及操作步骤

1. 仪器设备

本次试验采用大型循环单剪仪，试验仪器如图 2.5 所示。CDSS 试验仪是一种能可靠测量原状样或重塑样的试验仪器。该 CDSS 试验仪包含垂直加载系统和水平剪切系统。此次试验仪使用垂直加载系统，垂直力作用在试样的顶部。试样的底部与试样模型箱体的底部固定约束。试验土样装置如图 2.6 所示，可以看到试验土样固定在橡胶膜内，共由 20 个碟环组成。土样在试验过程中受到恒定的竖向荷载作用。土样在设定的竖向应力作用下进行固结，固结过程中垂直方向的位移通过传感器实时采集数据并储存。该试验过程由电脑控制并自动记录试验过程中的数据。

2. 操作步骤

(1)按照大尺寸固结试验试样制备方法制备试样，制备完成后，将试样置入 CDSS 仪器内，安装垂直方向反力支架与固定约束装置，使用仪器控制系统对试样位置及垂直力传感器进行调整，正好对正试样，并将仪器上顶板微调至与试样接触。然后安装挡水板。

(2)施加 1 kPa 的压力，使试样与仪器上下各部件之间接触良好，对各传感器进行清零。

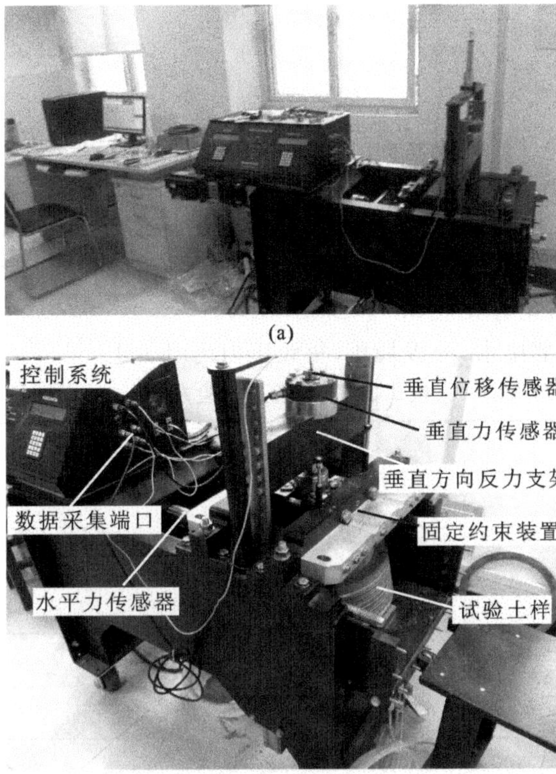

(a)

(b)

图 2.5 CDSS 试验仪示意图

(a)试验系统全景图;(b)系统介绍

图 2.6 试验土样装置

(3)按照 50 kPa、100 kPa、200 kPa、300 kPa 的压力等级加压。

(4)所有试样均为饱和试样,施加第一级压力后应立即向水槽中注水浸没试样。

(5)试验结束后吸去容器中的水,迅速拆除仪器各部件,取出整块试样,测定含水率。

2.1.4　三轴固结试验

2.1.4.1　试验目的及方案

参照标准固结试验进行对比试验，试验土样尺寸为高 80 mm、直径 39.1 mm。本试验主要考虑在等向压缩情况下饱和软黏土沉降问题，观察并分析等向压缩与侧限压缩条件下压缩指数 C_c 和回弹指数 C_e 之间的关系，并比较此两种条件下软黏土的压缩特性。

土样按照标准使用三轴试验制样方法进行制样，试验在 TSS30S 型土体三轴流变试验机上进行。具体固结试验方案详见表 2.3。

固结试验中，试样上部排水，分级加压，每级压力历时 1 d。

表 2.3　三轴固结试验方案

试验方案	压力/kPa	持续时间/d
1	50	1
2	100	1
3	200	1
4	300	1
5	400	1
合计	共 5 d	

2.1.4.2　仪器设备及操作步骤

1. 仪器设备

本项目使用的是长春机械科技研究院有限公司生产的 TSS30S 型土体三轴流变试验机，如图 2.7 所示。主要组成部分包括：①试验机、竖向位移传感器和轴向控制系统；②压力控制系统（其中包括围压控制器和反压控制器）；③控制台；④体应变计；⑤数据采集和控制系统。

驱动装置即轴力控制器，包括一个无电刷直流伺服马达控制器。该马达通过一个错齿状的皮带驱动滚珠丝杠，压力室底座安装在驱动装置的顶部。压力室底部包括所有与压力室相连接的液压接头，如围压接头、反压接头、孔压接头。在底座的底部有两个进出水孔，其中一个与反压传感器连接，另一个与围压传感器连接。在顶帽上同样有一个进出水孔，与孔压传感器连接。轴向应力传感器在其上部，其他液压传感器均在压力室的底部。该设备通过液压施加围压，在围压控制器中，伺服马达控制器与活塞相连，活塞的来回移动改变液压的大小。

反压控制器为一个数字式压力控制器，同样通过伺服马达控制。孔压传感器的测量器量测土样上部的孔隙水压力。

本试验所用的主要仪器及设备如下：

(1) TSS30S 型土体三轴流变试验机：具体详细说明参照该仪器使用说明书。

(2) 附属设备：包括击样器、承膜筒和对开圆模。

(3) 天平：精度需达到 0.01 g。

(4) 橡皮膜：厚度以 0.1～0.2 mm 为宜。

(5) 透水石：直径与试样直径相等，使用前在水中煮沸并浸泡于水中。

(6)HM-2315 体变计:量程为 100 mL。

试验仪器如图 2.7 和图 2.8 所示。

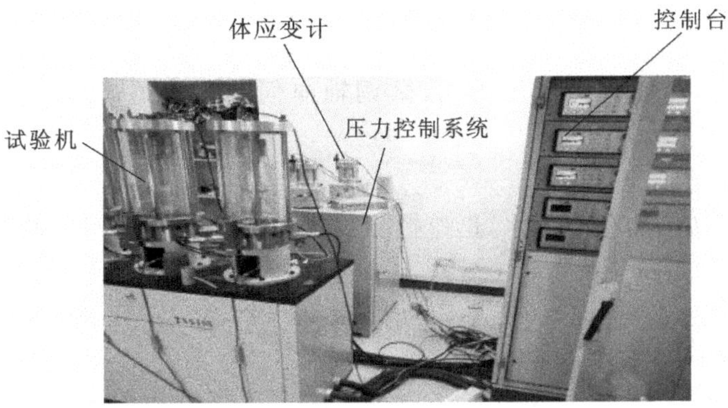

图 2.7　TSS30S 型土体三轴流变试验机整体示意图

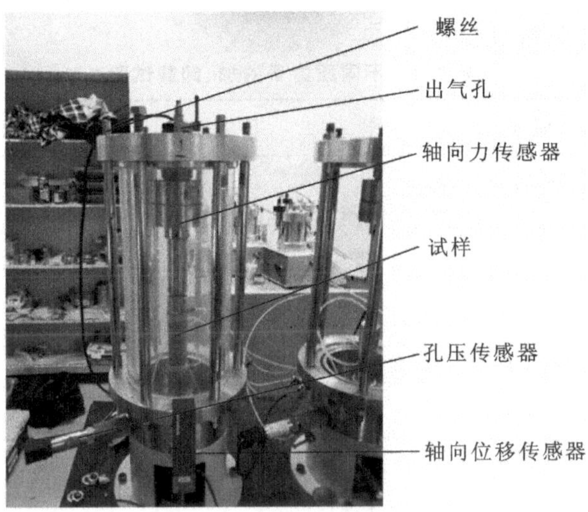

图 2.8　试验台基本示意图

2. 操作步骤

(1)按照三轴试验试样制备方法制备试样,用橡皮膜将试样固定在底座上,橡皮膜的厚度为 2 mm。底座、顶帽和试样之间装有透水石,本项目使用的是标准材质透水石。在顶帽安装过程中,使用两瓣膜保护试样,以尽量减小扰动。

(2)顶帽安装完成之后,安装缸体及上部轴向传感器并使用液压泵充水,围压室充水完毕后,先向试样施加一定大小的围压(20 kPa),待孔隙水压力变化稳定后测定读数。反压力分级施加,同时分级施加围压,以尽量减少对试样的扰动。围压与反压力的每级增量为 30 kPa,待每级压力下孔隙水压力稳定后,缓慢打开孔隙水压力阀,排出试样及水管中少量气泡,大约 10 s后关闭孔隙水压力阀,再次等待孔隙水压力稳定后施加下一级围压与反压力。计算每级围压引起的孔隙水压力增量,当孔隙水压力增量与围压增量之比 $\Delta u/\Delta\sigma_3>0.98$ 时,认为试样饱和。

(3)待试样饱和后，打开孔隙水压力阀，开始试验前将体应变计浮标设置到下部，并将阀门分别打到 VOLUME CHANGE 和 FLOW UP。然后对体应变计读数进行清零，准备工作完成后，固结试验按照 50 kPa、100 kPa、200 kPa、300 kPa、400 kPa 的压力等级加压。每级加压时间为 1 d。

(4)固结完成后，关闭孔隙水压力阀，微调轴向伺服驱动器，使轴向压力传感器与试样接触。

(5)进行动力响应试验。

(6)试验结束后吸去容器中的水，迅速拆除仪器各部件，取出整块试样，测定其含水率。

2.2　长期变形试验结果及分析

2.2.1　变形试验结果

本项目设计了三组试样在不同时间下的加、卸载试验，如表 2.4 所示。试样在不同荷载作用下的变形结果如图 2.9 至图 2.11 所示。

表 2.4　不同压力下的加、卸载试验

试样	加载序号	压力/kPa	持续时间/d
试样一	1	25	1
	2	50	1
	3	100	1
	4	200	1
	5	300	3
	6	200	1
	7	100	1
	8	50	3
	9	100	1
	10	200	1
	11	300	3
	12	400	1
	13	800	1
	14	1600	1
	共 20 d		

续表 2.4

试样	加载序号	压力/kPa	持续时间/d
试样二	1	25	1
	2	50	1
	3	100	1
	4	200	1
	5	300	1
	6	400	1
	7	300	1
	8	200	1
	9	100	1
	10	200	1
	11	300	1
	12	400	1
	13	800	1
	14	1600	1
	15	3200	1
	共 15 d		
试样三	1	25	1
	2	50	1
	3	100	1
	4	200	1
	5	300	1
	6	400	1
	7	300	1
	8	200	1
	9	100	1
	10	200	1
	11	300	1

续表 2.4

试样	加载序号	压力/kPa	持续时间/d
试样三	12	400	1
	13	800	1
	14	1600	1
	15	800	1
	16	400	1
	17	200	1
	18	400	1
	19	800	1
	20	1600	1
	21	3200	3
	共 23 d		

从图表中可以发现，标准固结试验中软黏土土样在分级压力下 25～64 min 完成了主固结沉降，这个时间点叫作 t_{EOP}（每级压力下试样完成主固结沉降的时间），而在三轴试验中软黏土土样在分级压力下 100～400 min 完成主固结沉降。对于短排水路径的 20 mm 高度试样与长排水路径的 80 mm 高度试样来说，这个现象在试验中是很明显的。

图 2.12 至图 2.14 是标准固结试验用 e-lg$P$ 曲线表示的结果。在主固结阶段，e-lg$P$ 关系接近直线，其直线段的斜率为土的压缩指数 C_c，接近于一个常量，不随 P 变化，即

$$C_c = -\frac{\Delta e}{\Delta(\lg P)} \tag{2-1}$$

C_c（无量纲）表示压应力 P 每变化一个对数周（10 倍）所引起孔隙比的变化。卸载段和再加载段的平均斜率称为土的回弹指数或再压缩指数（C_e），C_e 也基本不随压力 P 的变化而变化，且 $C_e \ll C_c$，一般黏性土 $C_e \approx (0.1 \sim 0.2)C_c$。

类似地，压缩系数 $a_v = -\dfrac{\Delta e}{\Delta P}$ 为 e-P 曲线上 P_1—P_2 段的割线斜率。压缩指数 C_c 与压缩系数 a_v 之间有下列关系：

$$a_v = \frac{C_c}{\Delta P}\lg\frac{P_2}{P_1} \quad 或 \quad C_c = \frac{\Delta P \cdot a_v}{\lg\dfrac{P_2}{P_1}} \tag{2-2}$$

如果用微分形式表示，则有：

$$a_v = \frac{C_c}{P} \times 0.434 \quad 或 \quad C_c = \frac{P \cdot a_v}{0.434} \tag{2-3}$$

三轴固结情况下土样高度为 80 mm、直径 39.1 mm，由于土样厚度过大，导致饱和软黏土的固结变形时间过长。每一级荷载的维持时间均超过了 1000 min，总共进行了五级不同的荷载试验。其试验结果如图 2.15 所示。

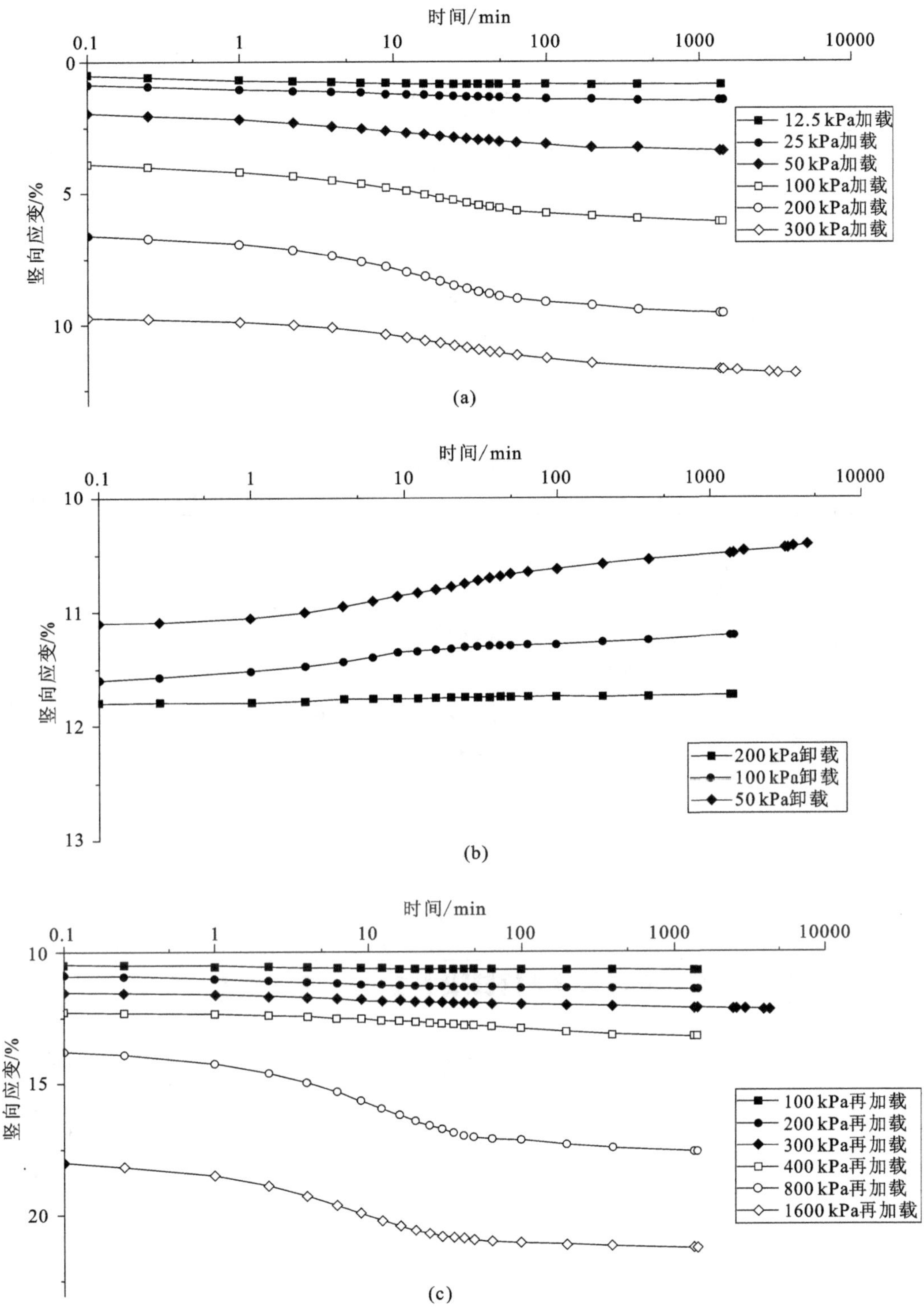

图 2.9 饱和软黏土在极限 1600 kPa 下的变形特性：竖向应变与时间（对数）的关系

(a)加载；(b)卸载；(c)再加载

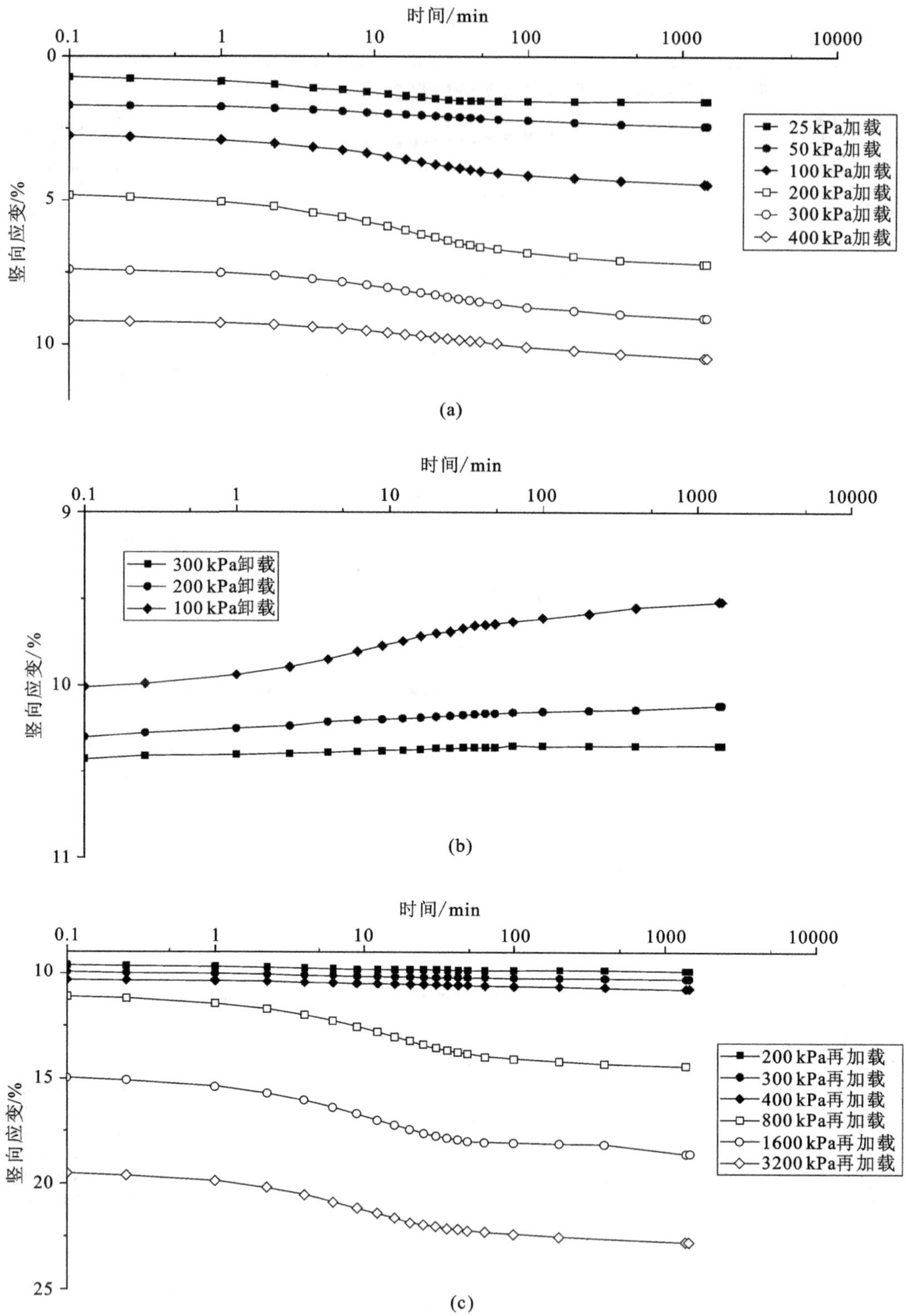

图 2.10 饱和软黏土在极限 3200 kPa 下的变形特性:竖向应变与时间(对数)的关系

(a)加载;(b)卸载;(c)再加载

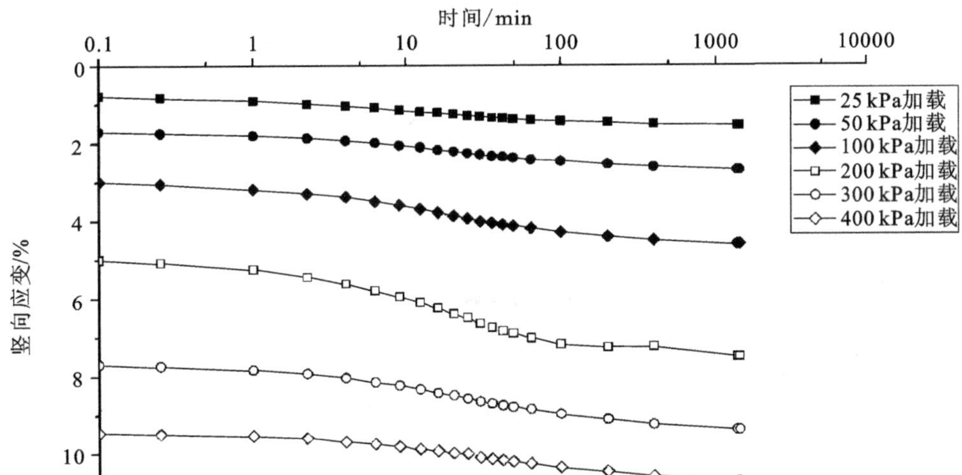
时间/min
0.1
1
10
100
1000
10000
竖向应变/%
25 kPa加载
50 kPa加载
100 kPa加载
200 kPa加载
300 kPa加载
400 kPa加载

(a)

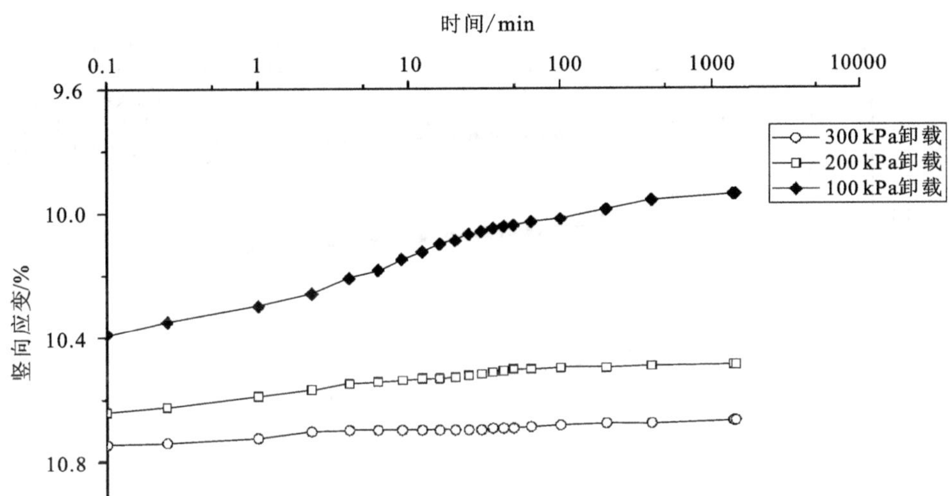
时间/min
0.1
1
10
100
1000
10000
竖向应变/%
300 kPa卸载
200 kPa卸载
100 kPa卸载

(b)

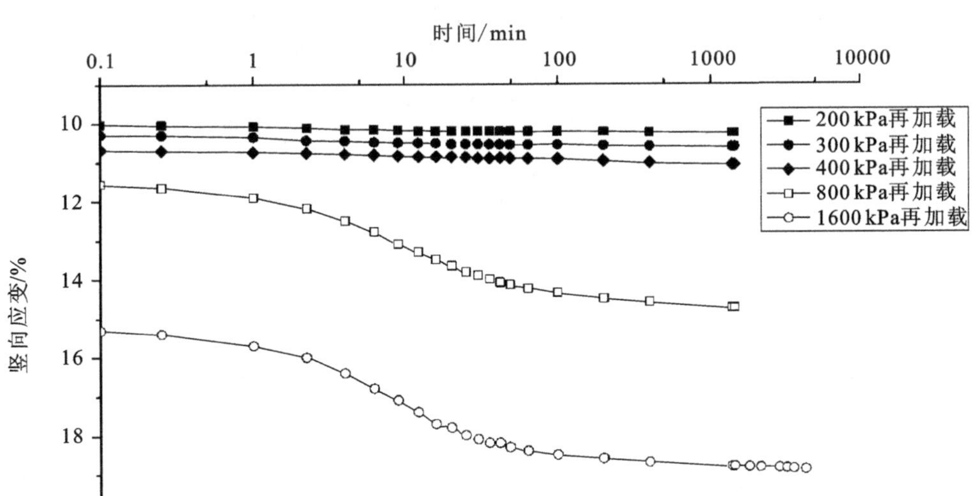
时间/min
0.1
1
10
100
1000
10000
竖向应变/%
200 kPa再加载
300 kPa再加载
400 kPa再加载
800 kPa再加载
1600 kPa再加载

(c)

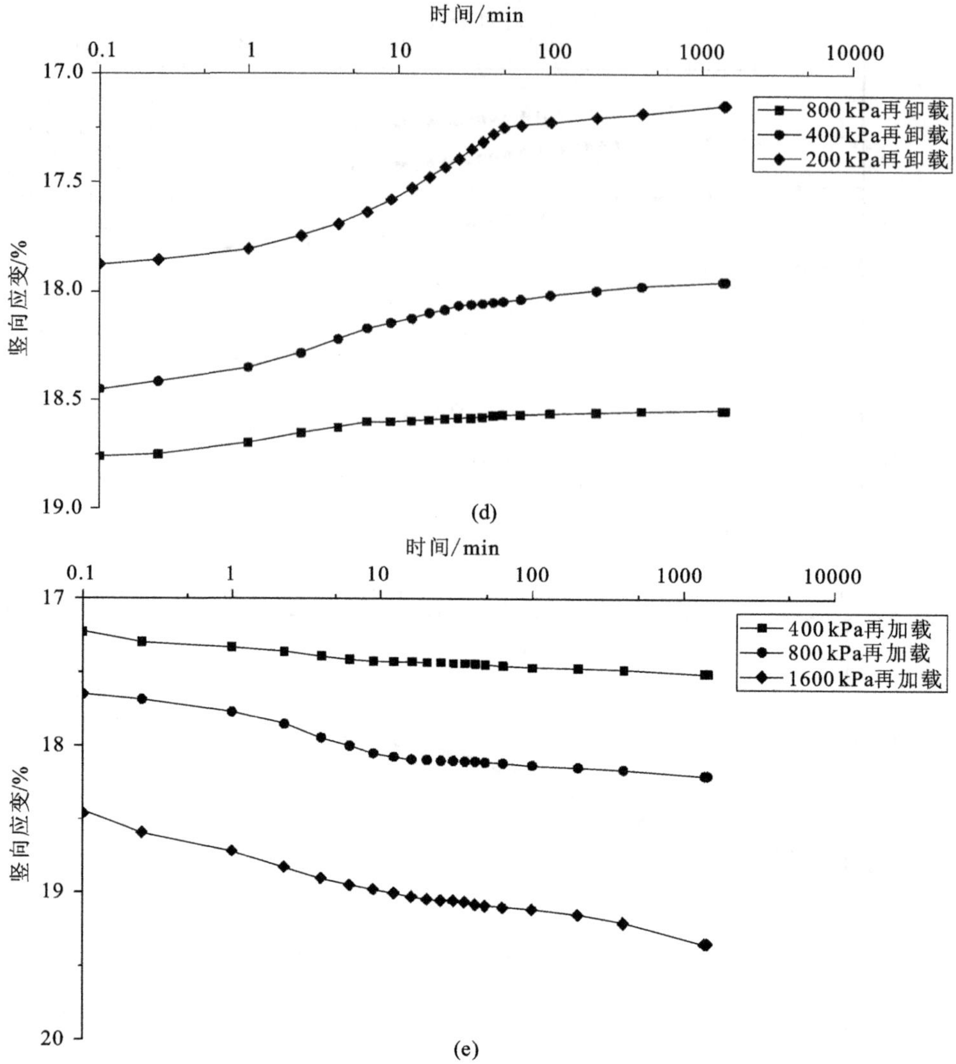

图 2.11　饱和软黏土在极限 1600 kPa 下的多次加、卸载变形特性：竖向应变与时间(对数)的关系

(a)加载；(b)卸载；(c)再加载；(d)再卸载；(e)再加载

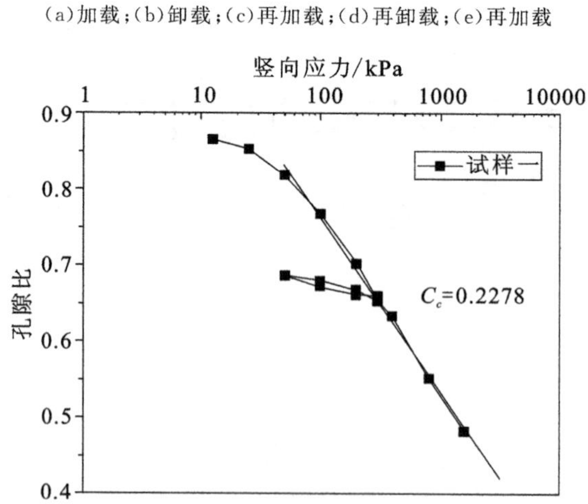

图2.12　标准固结试样一 e-lg$P$ 坐标系中土样的压缩曲线

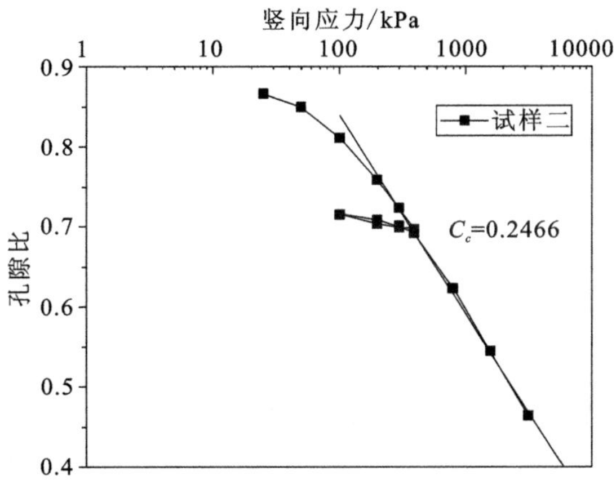

图 2.13　标准固结试样二 e-lg$P$ 坐标系中土样的压缩曲线

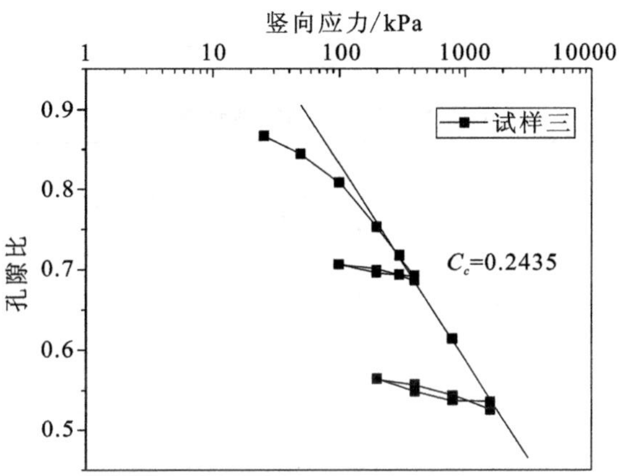

图 2.14　标准固结试样三 e-lg$P$ 坐标系中土样的压缩曲线

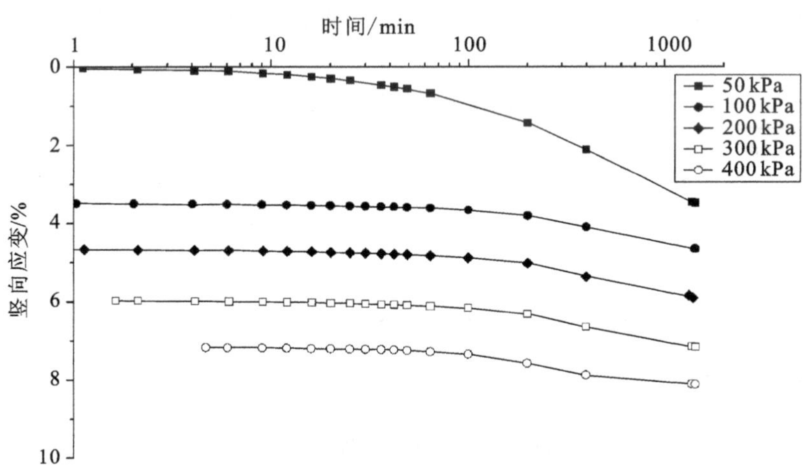

图 2.15　三轴固结试验试样竖向应变与时间(对数)的关系

如图 2.16 所示，通过计算压缩曲线的直线部分斜率可以求出压缩指数 C_c 的值，由三次标准固结试验求得的 C_c 分别为 0.2682、0.2719、0.2685，C_c 的平均值为 0.2695。由三轴试验求得的 C_c 为 0.2625。两种试验下 C_c 值相差不大。在工程实际中，通常采用压力间隔由 100 kPa 增加至

200 kPa所得的压缩系数 $a_{1\text{-}2}$ 与压缩指数 C_c 一起来评价土的压缩性。评价标准如表 2.5 所示。

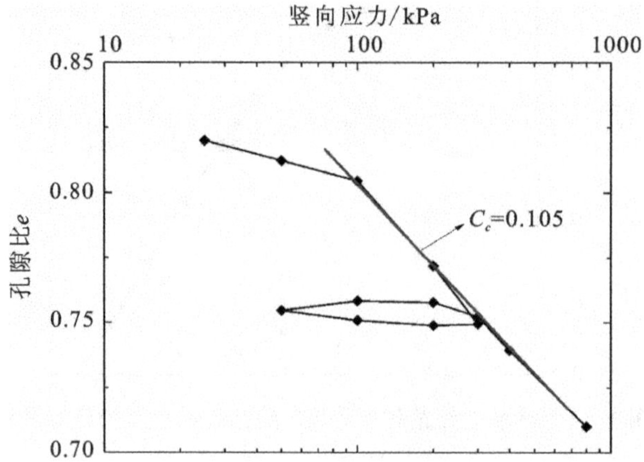

图 2.16　三轴固结试验 e-lg$P$ 坐标系中土样的压缩曲线

表 2.5　土的压缩性判别参考值

土的类别	参考值	
	$a_{1\text{-}2}$/MPa^{-1}	C_c
高压缩性	>0.5	>0.167
中等压缩性	0.1～0.5	0.033～0.167
低压缩性	<0.1	<0.033

表 2.6 所示为通过绘出 e-lg$P$ 曲线获得的相关压缩参数，从三组试样 e-lg$P$ 曲线中可求得压缩指数 C_c 与压缩系数 $a_{1\text{-}2}$ 分别是 0.2682、0.7262，0.2719、0.5820，0.2685、0.5497，平均值分别为 0.2695、0.6193。$\overline{C_c}>0.167$ 且 $\overline{a}_{1\text{-}2}>0.5$，根据土的压缩性判断标准，该淤泥质软黏土为高压缩性土。

表 2.6　淤泥质软黏土相关压缩参数值

试样	C_c	$a_{1\text{-}2}$/MPa^{-1}
试样一	0.2682	0.7262
试样二	0.2719	0. 5820
试样三	0.2685	0.5497

2.2.2　回弹指数 C_e 值比较

如图 2.17 所示，根据标准固结试验的卸载-再加载部分的直线斜率可求出软黏土土样的回弹指数 C_e，标准固结回弹试验结果得到的回弹指数 C_e 分别为 0.04313、0.03795、0.03351、0.04068，平均值为 0.03882。

试验结果表明，在加载阶段蠕变变形占总沉降的比例比较大，如图 2.17 所示，通过标准固结试验中进行了 3 d 的沉降数据来拟合试验结果获得蠕变系数。

J. H. YIN(1999)提出非线性的蠕变变形计算式：

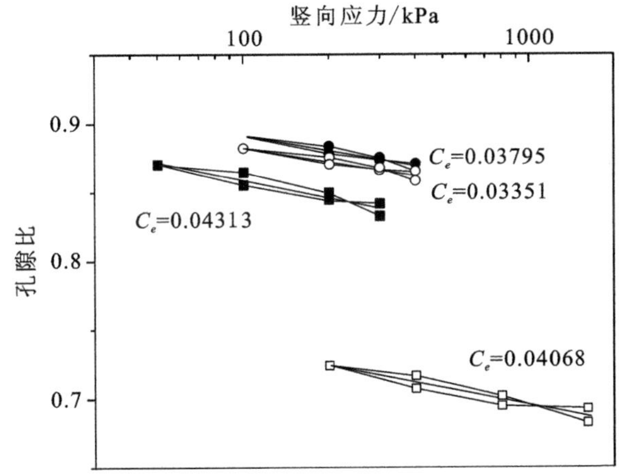

图 2.17　标准固结试样 e-lg$P$ 坐标系中土样的回弹再压缩曲线

$$\Delta\varepsilon = \frac{\psi'_0 \ln[(t+t_0)/t_0]}{1+(\psi'_0/\Delta\varepsilon_1)\ln[(t+t_0)/t_0]} \tag{2-4}$$

其中，$\Delta\varepsilon$ 为应变；t 是 $\Delta\varepsilon$ 所对应的时间；ψ'_0，t_0 和 $\Delta\varepsilon_1$ 是三个试验结果的常数。t_0 是计算蠕变开始的时间参数，此处蠕变没有考虑主固结沉降中的蠕变变形，仅考虑次固结沉降中的蠕变变形，根据标准固结试验试样一、三的试验结果，t_0 取 49 min。

式(2-4)也可以写成：

$$\frac{\ln[(t+t_0)/t_0]}{\Delta\varepsilon} = \frac{1}{\psi'_0} + \frac{1}{\Delta\varepsilon_1}\ln[(t+t_0)/t_0] \tag{2-5}$$

这时候，$\Delta\varepsilon$ 是一个仅随着蠕变而增加的应变，$\Delta\varepsilon=\varepsilon-\varepsilon_0$，同时所对应的时间 $t=t'-t_0$。如图 2.18 所示，竖向应变与竖向应力(对数) 曲线图表明在时间 $t=0$、1 d、3 d、∞时曲线的走向。

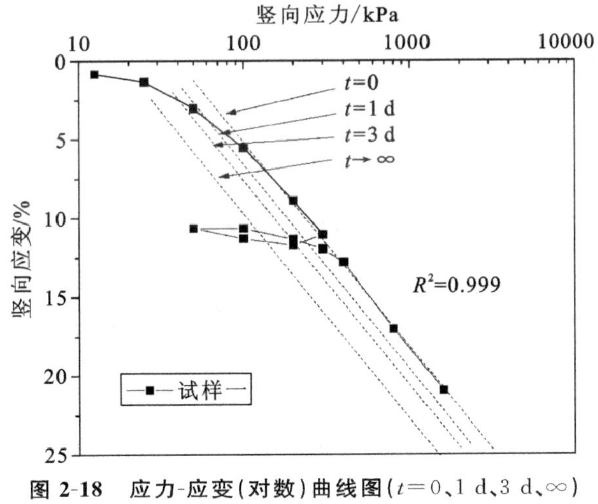

图 2-18　应力-应变(对数)曲线图(t=0、1 d、3 d、∞)

根据式(2-4)可画出蠕变试验中时间 t 与 $\Delta\varepsilon$ 的关系，从中可以观察到三次线性拟合 $R^2=$ 0.997、0.996、0.996，这说明在主固结沉降完成后，次固结沉降阶段应变随时间的变化大致是一个线性关系。以 $\ln[(t+t_0)/t_0]$ 为横坐标，$\dfrac{\ln[(t+t_0)/t_0]}{\Delta\varepsilon}$ 为纵坐标对蠕变数据进行线性拟合，根据截距和斜率可求得试验结果的常数 ψ'_0 和 $\Delta\varepsilon_1$。如图 2.19 所示，J. H. YIN(1999)曾表

示拟合参数 $R^2>0.95$ 就可以认为是一个良好的拟合，这时所选取的主固结沉降完成时间 t_0 就可以基本认为是可行的。

正常固结土的蠕变系数是基本不随固结压力发生变化的，可以认为与固结压力无关。根据图 2.20 计算求得蠕变系数 $C_{\alpha e}$ 为 0.003467。

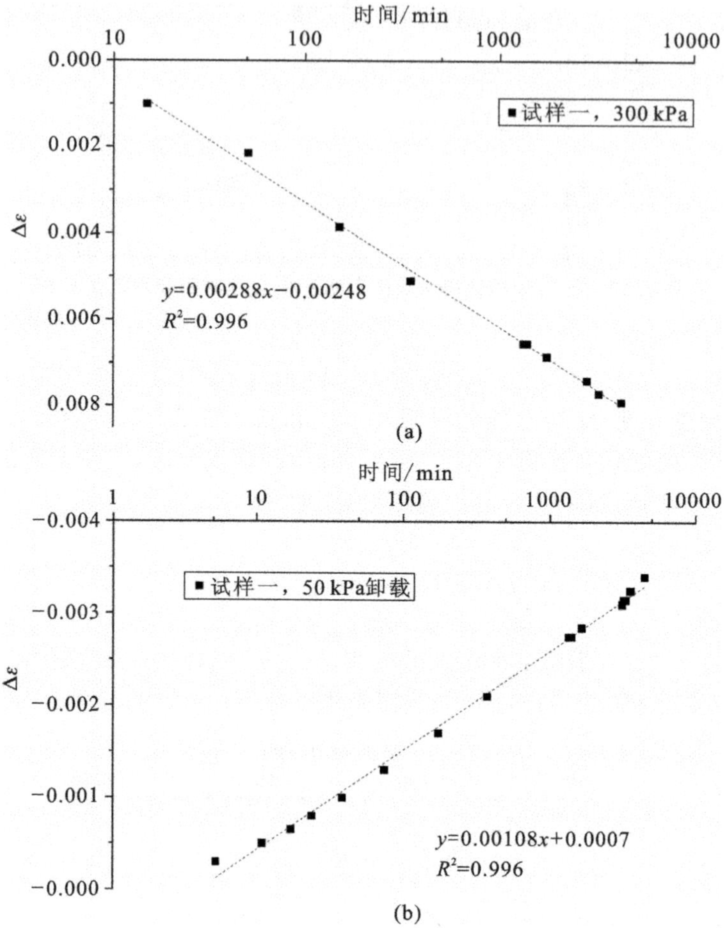

图 2.19　Δε 随时间 t 变化的关系曲线

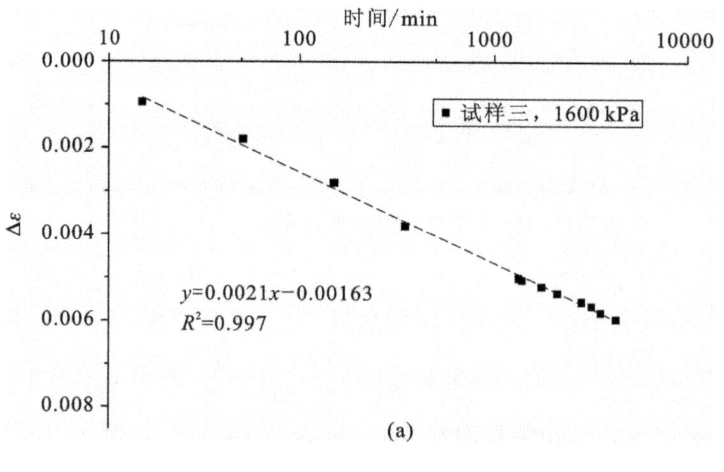

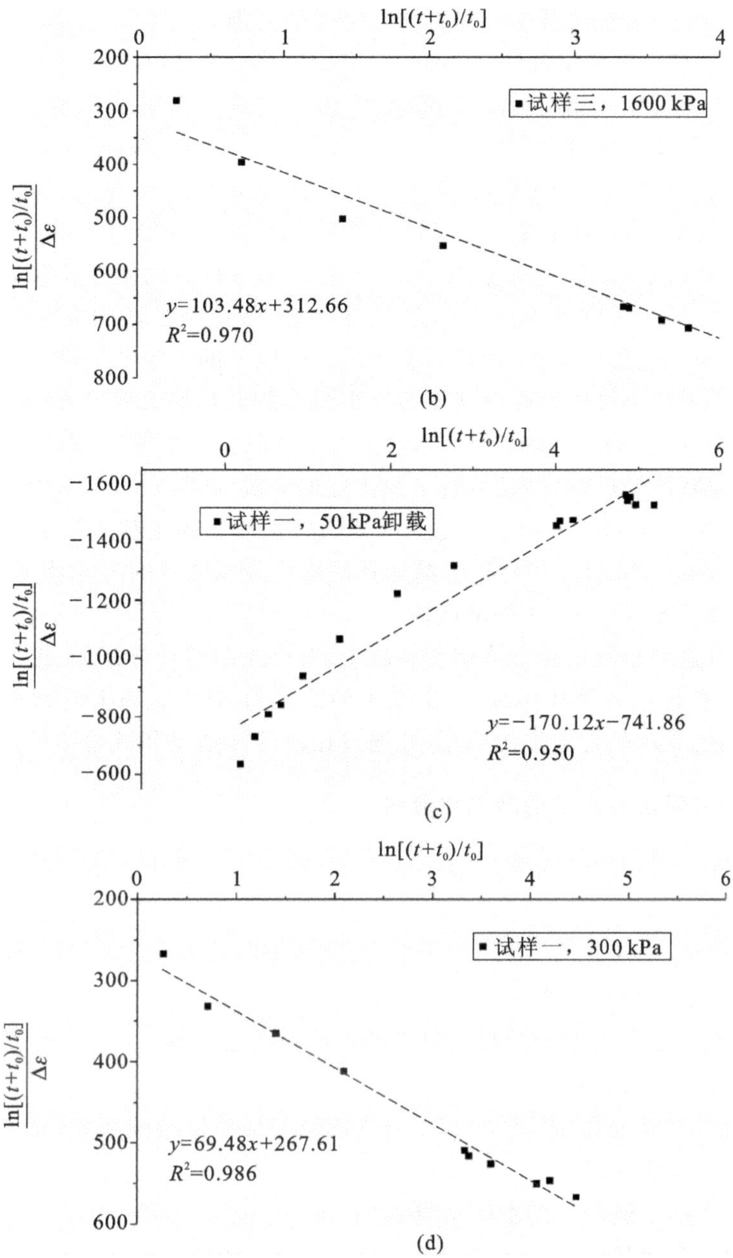

图 2.20　蠕变系数 $C_{\alpha e}$ 的计算

2.3　考虑蠕变效应的饱和软黏土长期变形计算模型

2.3.1　概述

土体状态随时间变化的现象可以归因于流体动力滞后和土骨架的黏性变形。固结是超孔隙水压力的消散引起的，而黏性变形是土骨架的黏性引起的，包括蠕变、应力松弛等。岩土工程的设计，如填海工程，常常需要考虑包含蠕变的固结沉降。

Ladd 提出了一种主固结中的蠕变理论，引出了沉降计算上的两种不同的基本假设：假设一认为在主固结完成后才开始考虑蠕变沉降，而假设二认为在整个压缩过程中都存在蠕变。这个问题仍有待进一步的研究。Mesri、Godlewski、Choi、Mesri、Vardhanabhuti 支持假设一，认为土体压缩有两个相互关联的原因：有效应力的变化和时间的变化。同时，Bjerrum、Vermeer、Neher、Nash、Ryde、Leoni、Yin 均以假设二为基础，考虑固结过程中的蠕变现象。

基于假设二和“有效时间”的概念，Yin、Feng 提出了一种新的便于计算单一土层包含蠕变的沉降的简化方法，其中考虑了不同的应力-应变状态，并证明了新的简化方法的准确性。在工程实践中，由于地质的历史原因，通常需要预测一层以上的土壤的沉降。

Zhu、Yin 提出了双土层在线性加载下的固结行为的解析解和结果图表，并与简化为单一土层后的固结行为（US Department of Navy）进行了比较。与此同时，有学者提出了具有部分排水边界的双层地基的解析解，并且分析了双土层的非线性特征。之后，相关的问题如双层土壤中垂直排水（Tang and Onitsuka）、通过悬浮碎石桩加固软黏土和双层系统的非饱和土得到了广泛的研究。Feng、Yin 提出了将新的简化算法推广到双层土的沉降计算的方法，并比较了 Zhu 和 Yin 方法和 US Navy 方法的准确性。

本章旨在分析这种新的简化算法用于单层土、双层土时的计算结果，进一步将压缩条件从即时加载、线性加载推广到循环加载，得出在不同的应力-应变状态下的软黏土固结沉降的计算方法，能有效地拓展新简化方法的应用，并通过比较计算结果和试验结果验证其可靠性。

2.3.2 考虑主固结中蠕变的新简化算法

根据假设二和“有效时间”的概念，Yin 和 Feng 提出了一个用于单一土层的一维固结沉降预测的简化算法：

$$S_{totalB} = S_{ep} + S_{creep} = U_v \varepsilon_{ep} H + [\alpha \varepsilon_{creep,f} + (1-\alpha)\varepsilon_{\text{“secondary”}}]H \quad (t_e \geqslant 0) \tag{2-6}$$

式中 ε_{ep}——主固结弹塑性应变；

U_v——由孔隙水压力的消散程度定义的平均固结度；

H——土层厚度，mm；

α——合理考虑蠕变在主固结过程中与主固结完成后体现的系数，介于 0 与 1 之间；

$\varepsilon_{creep,f}$——最终蠕变应变；

$\varepsilon_{\text{“secondary”}}$——基于假设一的次固结应变。

式(2-6)的关键问题是如何在新的简化方法中准确地确定在正常固结和超固结状态下以及不同应力-应变状态下的蠕变应变。对于正常固结状态，沉降表示为：

$$\left.\begin{aligned} \varepsilon_{ep} &= \frac{C_e}{1+e_0}\lg\left(\frac{\sigma'_{zp}}{\sigma'_{z0}}\right) + \varepsilon_{z0} + \frac{C_e}{1+e_0}\lg\left(\frac{\sigma'_{zr}}{\sigma'_{zp}}\right) \\ \varepsilon_{creep,f} &= \frac{C_{\alpha e}}{1+e_0}\lg\left(\frac{t_0+t_e}{t_0}\right) \\ t_e &= t - t_0 \\ \varepsilon_{\text{“sccondary”}} &= \frac{C_{\alpha e}}{1+e_0}\lg\left(\frac{t}{t_{EOP}}\right) \quad (t > t_{EOP}) \end{aligned}\right\} \tag{2-7}$$

对于超固结状态，沉降用以下公式计算：

$$\left.\begin{aligned}
\varepsilon_{ep} &= \frac{C_e}{1+e_0}\lg\left(\frac{\sigma'_{zr}}{\sigma'_{z0}}\right)+\varepsilon_{z0}\\
\varepsilon_{creep} &= \frac{C_{\alpha e}}{1+e_0}\lg\left(\frac{t_0+t_e}{t_0+t_{er}}\right)\\
t_{er} &= t_0\times 10^{\left[(\varepsilon_{zr}-\varepsilon_{zp})\frac{V}{C_{\alpha e}}\right]}\left(\frac{\sigma'_{zr}}{\sigma'_{zp}}\right)^{-\frac{C_e}{C_{\alpha e}}}-t_0\\
t_e &= t_{er}+t-t_0\\
\varepsilon_{\text{“secondary”}} &= \frac{C_{\alpha e}}{1+e_0}\lg\left(\frac{t+t_{er}}{t_{EOP}+t_{er}}\right)\quad (t>t_{EOP})
\end{aligned}\right\}\tag{2-8}$$

式中 $C_{\alpha e}$——蠕变系数，等效于次固结系数；

C_e——回弹指数；

C_c——压缩指数；

t——总时间，min；

t_0——蠕变起始时刻；

t_e——等效时间，min；

t_{EOP}——主固结完成时间，min；

e_0——初始孔隙率；

V——$1+e_0$；

σ'_{zp}——先期固结应力，kPa；

σ'_{zr}——最终有效应力，kPa；

σ'_{z0}——初始有效应力，kPa；

ε_{z0}——初始应变；

ε_{zp}——先期固结应力状态下的应变；

ε_{zr}——最终有效应力状态下的应变。

t_0 的取值取决于用于得出土样基本属性的简单固结试验的每一级压力的加压时间，如果每一级压力加压 1 d，则 $t_0=1$ d；相应的，如果每一级压力加压 40 min，则 $t_0=40$ min。t_e 是等效时间，由 Graham 和 Yin 等提出。C_e、C_c 和 σ'_{zp} 均是在简单固结试验的每一级压力作用 t_0 时间条件下得出。假设 $U_v=98\%$ 时的时刻为 t_{EOP}。有效应力状态-垂直应变关系图如图 2.21 所示。

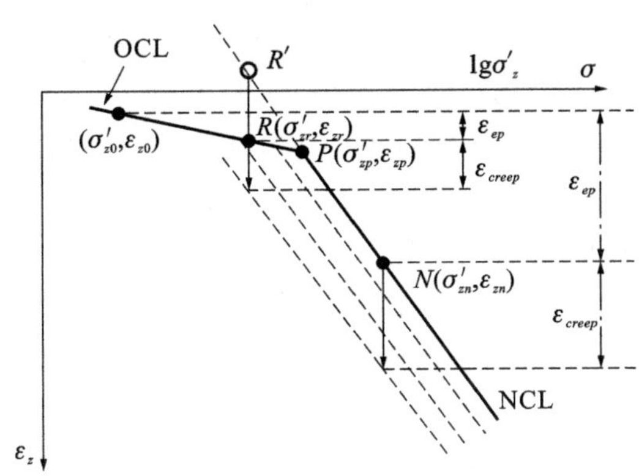

图 2.21 有效应力状态-垂直应变关系图

2.3.3 新简化算法中参数 α 的解释

当 α 值为 0 的时候，$S_{totalB} = S_{ep} + S_{creep} = U_v \varepsilon_{ep} H + \varepsilon_{\text{"secondary"}} H$，即是基于假设一的方法，由于忽略了主固结过程中的蠕变，会低估土层的最终沉降量；当 α 值为 1 的时候，即是基于假设二的简化算法，对于较厚的土层，接近排水边界处的有效应力-应变状态与附加压力吻合，而远离排水边界的黏土的有效应力路径会由于孔隙水压力消散的推迟而推迟，所以取 $\alpha=1$ 会高估土层的最终沉降量。在之前的研究中，Yin 和 Feng 分别提出 $\alpha=0.8$ 与 $\alpha=0.4+\text{OCR}\times 0.2$。之后，Yin 和 Feng 在比较结果的基础上，发现对于较厚的土层，α 不宜取常数，而应该是一个与平均固结度有关的变量，取值范围为 0～1。α 的值用来体现出蠕变在固结过程中与固结完成后的贡献程度。考虑固结过程中土层中间部分蠕变的延迟，α 的演变趋势应与平均固结度的演变趋势相近，但有一个延迟因子。对于单层土，我们可以用已知的求平均固结度的公式附带一个延迟因子来求解 α 值。公式如下：

$$\left.\begin{aligned} T_v &= \frac{c_v t}{d^2} \\ U_v &= \sqrt{\frac{4T_v}{\pi}}, U_v \leqslant 0.6 \\ U_v &= 1 - 10^{-\left(\frac{T_v + 0.085}{0.933}\right)}, U_v > 0.6 \end{aligned}\right\} \tag{2-9}$$

$$\left.\begin{aligned} T_\alpha &= \frac{c_v t}{(\delta d)^2} \\ \alpha &= \sqrt{\frac{4T_\alpha}{\pi}}, \alpha \leqslant 0.6 \\ \alpha &= 1 - 10^{-\left(\frac{T_\alpha + 0.085}{0.933}\right)}, \alpha > 0.6 \end{aligned}\right\} \tag{2-10}$$

式中，T_v 是时间因数，d 是最大排水路径，在单面排水的条件下，d 取值为土层的厚度，在双面排水的条件下，d 取值为土层厚度的一半。δ 是用于计算 α 的延迟因子，取 $\delta=2$。

2.3.4 固结试验结果与简化算法计算结果对比

针对试样 4 进行简化算法沉降计算，将试验所得结果与计算所得结果绘成沉降-时间对数图，如图 2.22 所示。

由图 2.22 可知，简化算法计算值与实测值的差距不大，且在前 10 min 沉降计算中几乎一样，总的沉降差距不大，主要误差产生在主固结速率上，简化算法计算所得数据固结速率较快，原因是试验过程中渗透系数并不是一成不变的，随着主固结沉降的进行，渗透系数不断地变小，固结速率也变得越来越慢，而在计算过程中渗透系数为一个恒定值。

将建立的考虑蠕变效应的饱和软黏土长期变形计算模型所计算得到的竖向应变和时间(对数)关系曲线与试验所得的数据进行对比，其对比结果如图 2.23 所示。由图可见，考虑蠕变效应的饱和软黏土长期变形计算模型所计算得到的结果与实测值在每一级压力 1 d 的总沉降上差距不大，主要误差产生在主固结沉降速率上，计算模型所得数据固结速率较快，原因是试验过程中渗透系数并不是一成不变的，随着主固结沉降的进行，渗透系数不断地变小，固结速率也变得越来越慢，而在计算模型的计算过程中，渗透系数为一个恒定值。

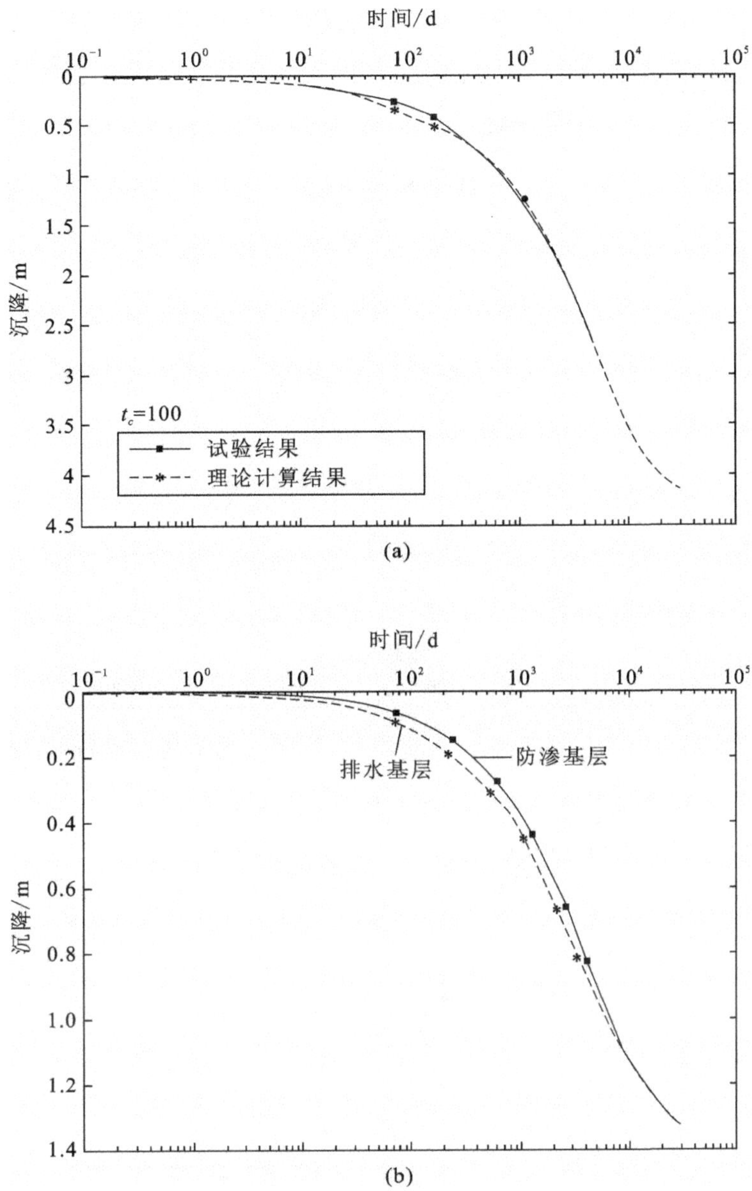

图 2.22　计算结果对比

(a)试验结果与理论计算结果对比;(b)两种不同透水边界的计算结果对比

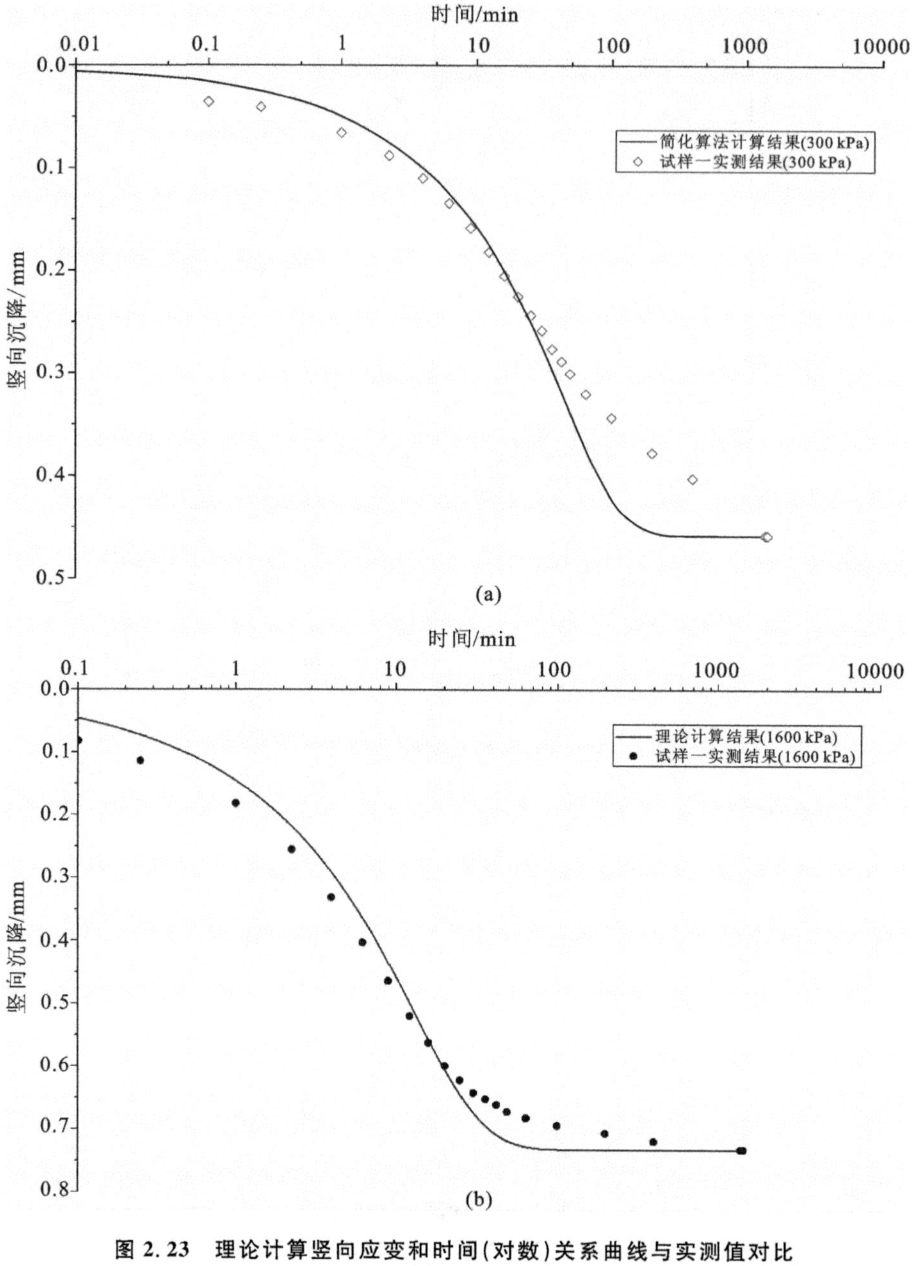

图 2.23　理论计算竖向应变和时间(对数)关系曲线与实测值对比

(a)300 kPa 加载理论计算与试验结果对比；(b)1600 kPa 再加载理论计算与试验结果对比

3 循环荷载下饱和软黏土的动力特性试验研究

3.1 引　　言

目前，随着我国经济建设的发展，公路运输量大量增加，高速铁路和地下隧道工程也正大力兴建，交通循环荷载所引起的地基沉降破坏已成为突出问题。如上海地铁1号线建成运营后某区段沉降量超过20 cm。在这种背景下，对路基工程下的软黏土在循环荷载作用下动力特性，尤其是关于预测车辆荷载的往复循环作用引起的软黏土沉降和变形稳定性研究，就具有非常重要的现实意义，越来越引起大家的重视。

本章针对地铁轨道交通工程循环荷载作用下的地基土体的受力特点，设计了一系列室内不排水三轴动力试验与室内排水一维动力响应试验，利用TSS30S型土体三轴流变试验机和三头电子蠕变试验机来模拟循环荷载，研究不同动应力幅值、固结围压、振动频率、循环周期等对土体的动力特性的影响，通过试验结果对比，研究影响软黏土动力特性的控制性参数，为提出软黏土在循环荷载作用下的长期沉降和变形的控制标准提供依据和借鉴参考。

3.2 一维循环动力试验仪器与方案

3.2.1 一维循环动力试验系统

本次试验所用仪器为三头电子蠕变试验机，其主要组成部分包括：①试验机、竖向位移传感器和轴向控制系统；②温度控制系统；③控制台；④数据采集和控制系统。

驱动装置即轴力控制器，包括一个无电刷直流伺服马达控制器。该马达通过一个错齿状的皮带驱动滚珠丝杠，压力室底座安装在驱动装置的顶部。轴向应力传感器安装在仪器顶部，根据具体试验需要可换成压力型传感器。

固结容器为标准固结试验中固结容器改装，以便能更好地与蠕变试验机组合，因此试样尺寸仍为高20 mm、直径61.8 mm。

三头电子蠕变试验机主体示意如图3.1所示。

本试验所用的主要仪器及设备，符合下列规定：

(1)三头电子蠕变试验机：具体详细说明参照该仪器使用说明书。

(2)附属设备：固结容器。

(3)天平：精度需达到0.01 g。

(4)滤纸：渗透性高，使用前用剪刀剪至尺寸与试样大小一致。

(5)透水石：直径与试样直径相等，使用前在水中煮沸并浸泡于水中。

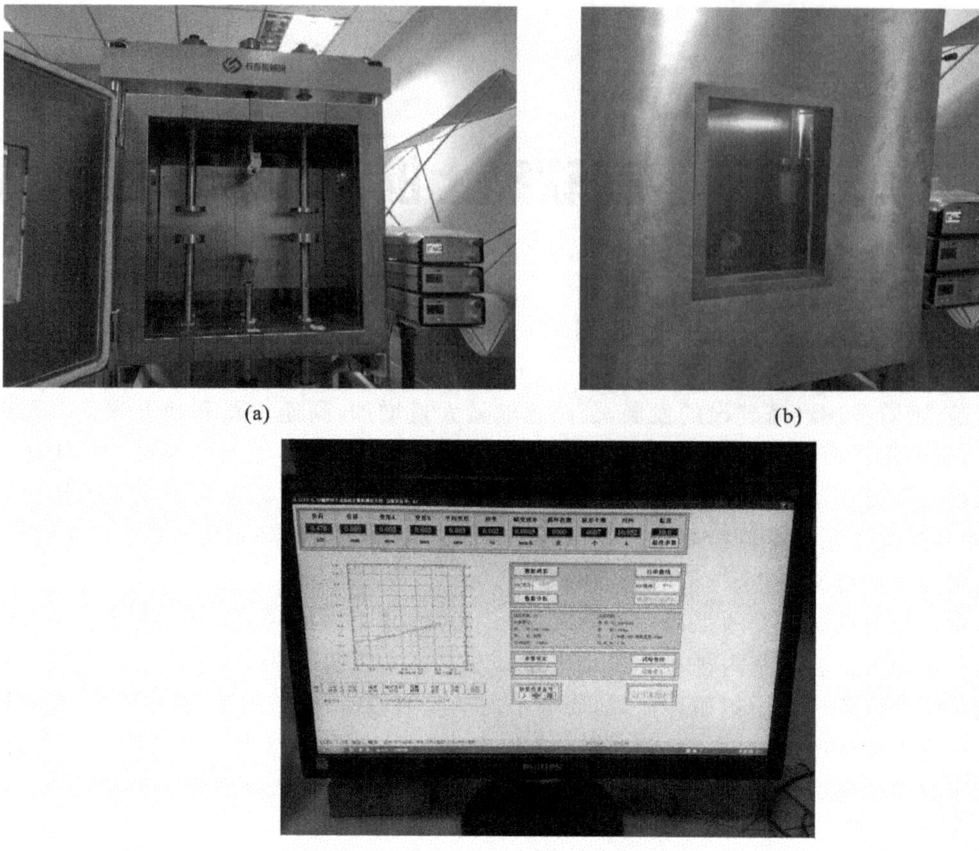

图 3.1　三头电子蠕变试验机主体示意图

(a)试验仪器;(b)安装试样后的试验过程;(c)系统采集界面

三头电子蠕变试验机为单向激振,单向加载频率范围为 0.0001～1 Hz,其性能稳定。在进行循环荷载试验时,循环荷载设置的基本要素有:动态偏移量、幅值、频率和波形,反映到仪器指标参数上即为传感器量程、动荷载作用频率范围、振动荷载作用次数和动荷载波形种类。动荷载波形有三角波、正弦波。从方便和实用角度来看,正弦波荷载试验在目前的土动力学研究中占主导地位。

本试验所加荷载波形为正弦波,如图 3.2 所示。

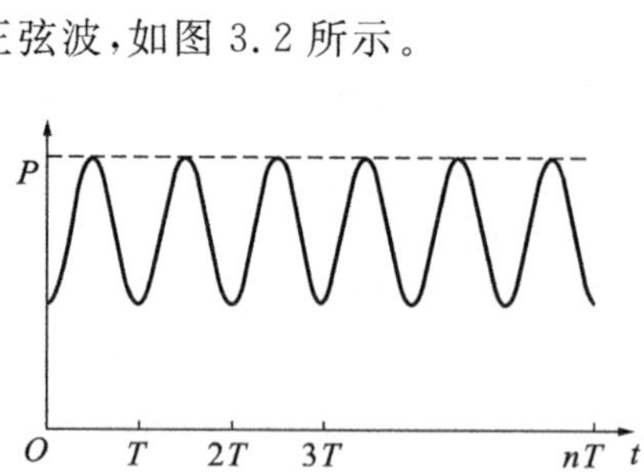

图 3.2　正弦循环荷载

3.2.2 试验方案

一维动力响应试验方案与三轴动力响应试验方案所考虑的因素相同，但根据仪器不同做了相应调整，具体试验方案见表3.1。本试验采用正弦波形式，正弦波频率为0.001 Hz，动态偏移量是循环荷载(正弦波)的平均值。仪器以荷载循环形式振幅为幅值，以动态偏移量为中心采用正弦波形式振动。

表3.1 一维循环荷载下软黏土试验方案

试验方案	试样编号	预压荷载/kPa	动态偏移量/kPa	循环等级	振幅/kPa	每级循环次数	循环后再加荷载/kPa
等比循环荷载组	A1	100	110-120-130-140-150	5	10-20-30-40-50	10	
	A2	200	220-240-260-280-300	5	20-40-60-80-100	10	
	A3	300	330-360-390-420-450	5	30-60-90-120-150	10	
循环后蠕变组	B1	100	110-120-130-140-150	5	10-20-30-40-50	10	150
	B2	200	220-240-260-280-300	5	20-40-60-80-100	10	300
	B3	300	330-360-390-420-450	5	30-60-90-120-150	10	450
等幅值循环荷载组	C1	200	220-240-260-280-300	5	10-20-30-40-50	10	300
	C2	300	330-360-390-420-450	5	10-20-30-40-50	10	450

3.3 三轴循环动力试验及方案

3.3.1 试验仪器

本次试验所用动三轴仪为TSS30S型土体三轴流变试验机，具体介绍前面已经有所论述，本节主要说明其施加动载部分及原理。其动力控制部分主要由试验机、竖向位移传感器和轴向控制系统组成。

驱动装置即轴力控制器，包括一个无电刷直流伺服马达控制器。该马达通过一个错齿状的皮带驱动滚珠丝杠，压力室底座安装在驱动装置的顶部。压力室底部包括所有与压力室相连接的液压接头，如围压、反压、孔压接头。在底座的底部有两个进出水孔，其中一个与反压传感器连接，另一个与围压传感器连接。在顶帽上同样有一个进出水孔，与孔压传感器连接。轴向应力传感器在其上部，其他液压传感器均在压力室的底部。

该动三轴仪的显著优点是可以使用应力控制或应变控制来控制试验进程，此仪器为单向激振，单向加载频率范围为0.001～1 Hz，其性能稳定。在进行动三轴试验时，动荷载设置的基本要素有峰值、谷值、频率、持续时间和波形，反映到仪器指标参数上即为传感器量程、动荷载作用频率范围、振动荷载作用次数和动荷载波形种类。一般液压加载系统的动荷载作用频率比气压加载系统的高。

3.3.2　试验方案

本节主要通过室内动三轴试验，研究饱和重塑软黏土在等压固结不排水情况下，各种影响因素对其动力特性的影响。土的动力特性试验的影响因素有很多，包括动应力幅值、固结围压、振动频率、静偏应力、孔隙比、循环周期、饱和度等。另外，不同的土类、超固结比、颗粒粒径大小与级配、土的结构、温度等因素也有一定程度的影响。本次试验考虑的影响因素有动应力幅值、固结围压及振动频率，部分参数的设计思路如下：

动应力幅值：由于本试验的加载方式为应力控制式。动应力的选择以能够显示出动应力-应变骨干曲线的形式为基本要求，同时动应力大小不应超过竖向压力，否则振动过程中试样帽会与土样发生脱离，这是不允许的。同时，考虑到交通荷载的低应力幅值、长期循环作用的特点，在进行循环荷载下应变特性研究时，动应力幅值与围压的比值应设置得较小为宜。

固结围压：一般来说，试验中所定围压的最大值应大于土体实际承受的最大有效应力，最小围压应不小于土样上部覆盖层的压力。本试验为了研究固结压力的影响，考虑到低围压时试验误差过大，选取的围压为 100 kPa、200 kPa、300 kPa 三种。

振动频率：交通荷载的作用频率是一系列频率的叠加组合，与车辆的运行速度、车长、转向架的轴距等有关。本次试验采取的频率有 0.01 Hz、0.02 Hz、0.03 Hz、0.04 Hz、0.05 Hz。具体三轴动力试验方案见表 3.2。

表 3.2　三轴动力试验方案

组 号	频 率 /Hz	围 压 /kPa	动力等级	每级动力振次
1	0.01	100、200	5	100
2	0.02	100	5	100
3	0.03	100	5	100
4	0.04	100	5	100
5	0.05	100、200	5	100

3.4　循环荷载试验结果及分析

3.4.1　单向循环荷载下的变形特性

饱和软黏土在单向循环荷载下的变形特性如图 3.3 至图 3.5 所示。

进一步分析饱和软黏土应力-应变关系曲线如图 3.6 至图 3.7 所示。

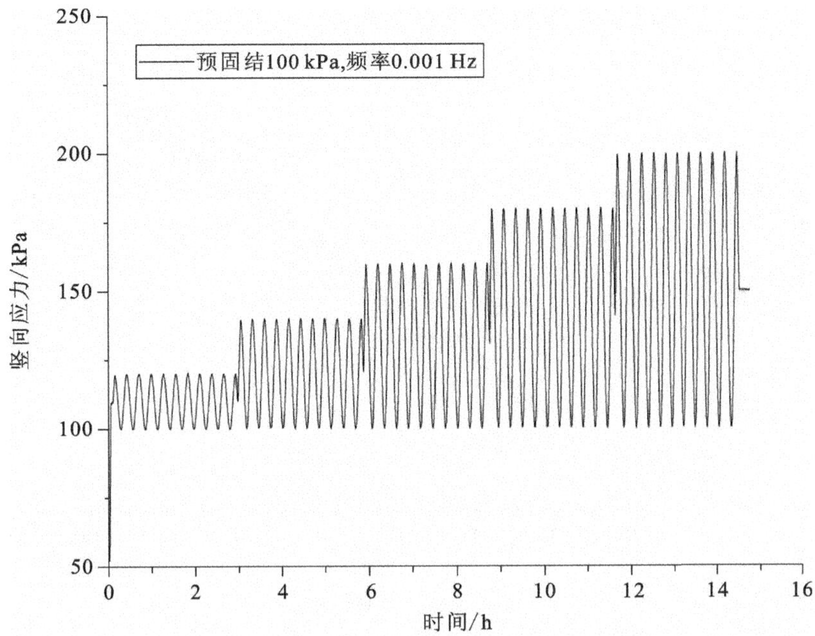

预固结100 kPa,频率0.001 Hz
竖向应力/kPa
时间/h
250
200
150
100
50
0
2
4
6
8
10
12
14
16

(a)

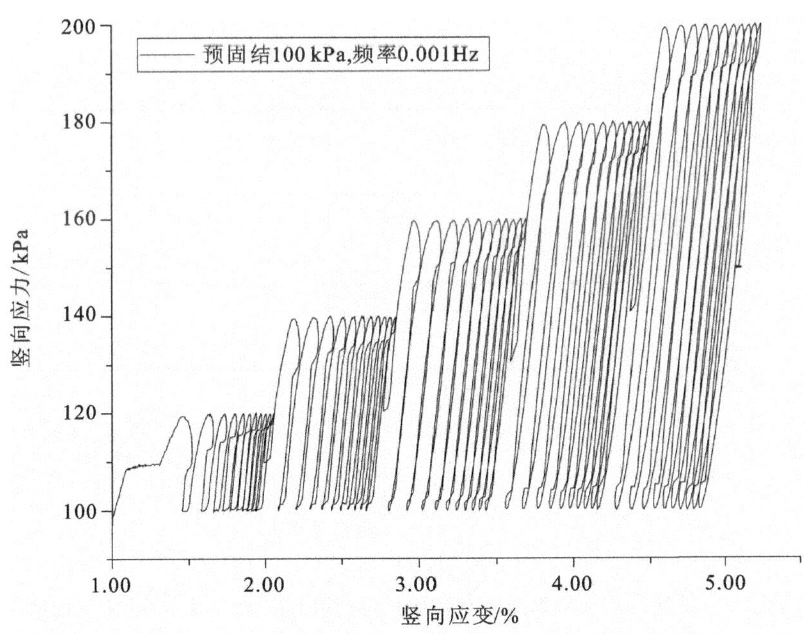

预固结100 kPa,频率0.001Hz
竖向应力/kPa
竖向应变/%
200
180
160
140
120
100
1.00
2.00
3.00
4.00
5.00

(b)

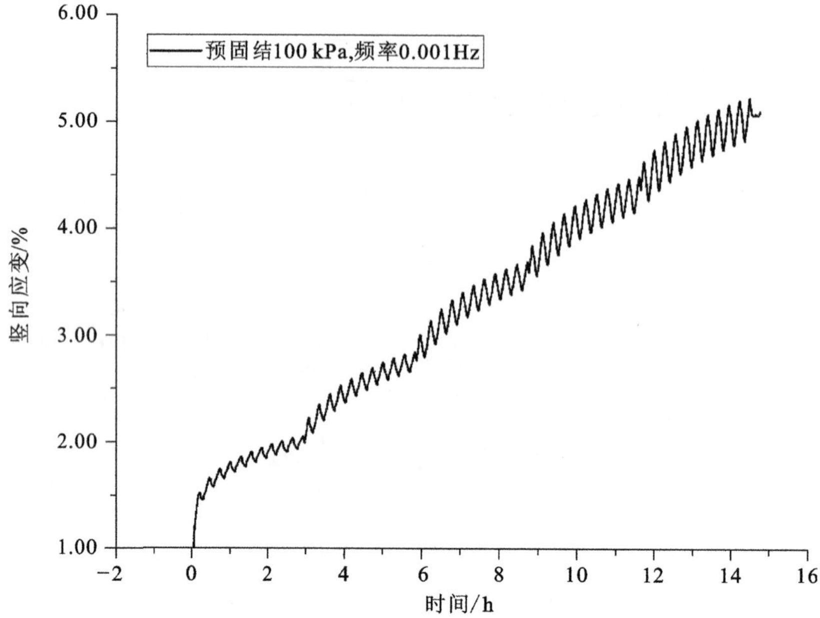

(c)

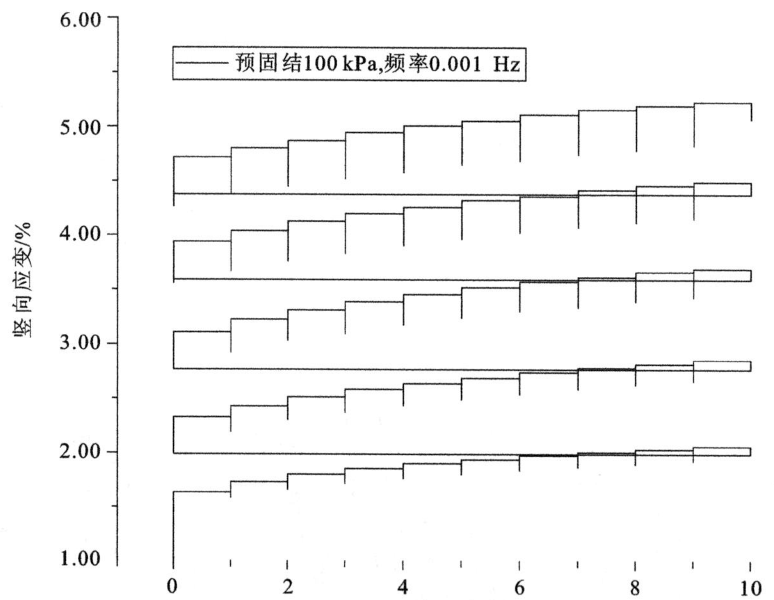

(d)

图 3.3　试验 1 饱和软黏土循环荷载试验(固结压力 100 kPa)的变形曲线

(a)循环荷载随时间的变化曲线;(b)五组循环荷载作用下应力-应变关系曲线;

(c)竖向应变随时间的累积变形曲线;(d)五组不同荷载共 50 个循环动力荷载作用下竖向变形图

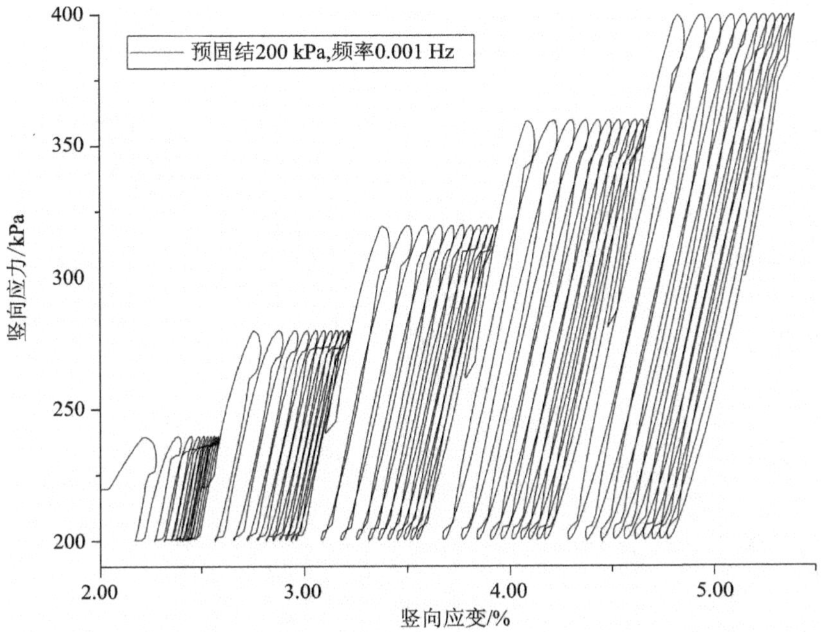
预固结200 kPa,频率0.001 Hz
竖向应力/kPa
竖向应变/%

(a)

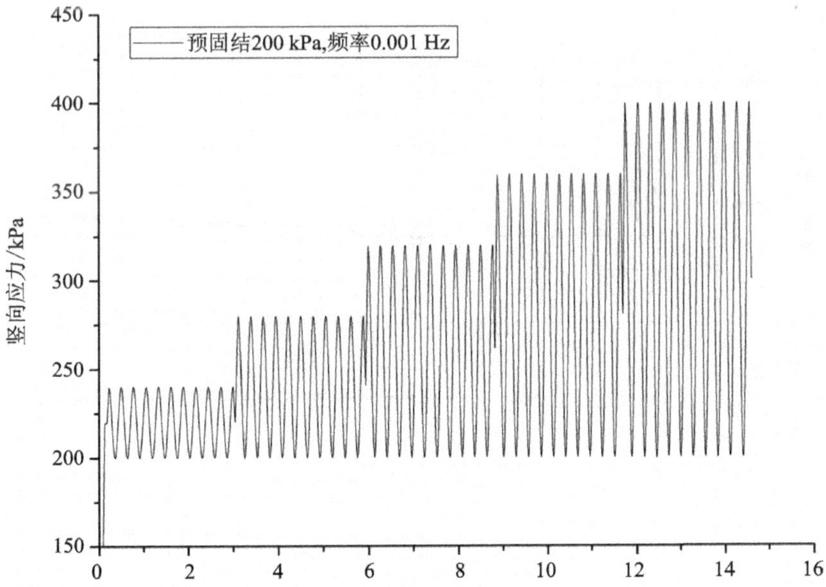
预固结200 kPa,频率0.001 Hz
竖向应力/kPa
时间/h

(b)

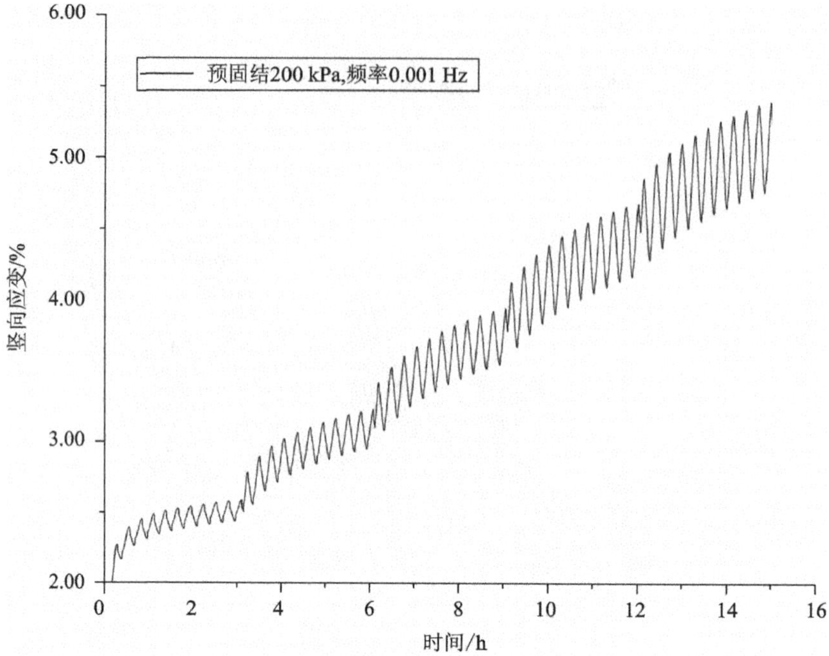

(c)

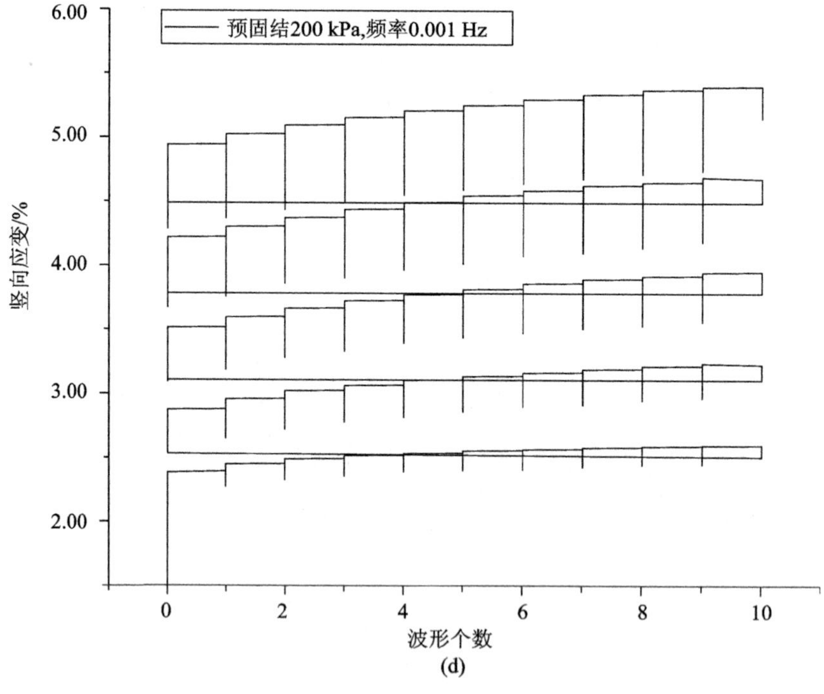

(d)

图 3.4　试验 2 饱和软黏土循环荷载试验(固结压力 200 kPa)的变形曲线

(a)循环荷载随时间的变化曲线;(b)五组循环荷载作用下应力-应变关系曲线;

(c)竖向应变随时间的累积变形曲线;(d)五组不同荷载共 50 个循环动力荷载作用下竖向变形图

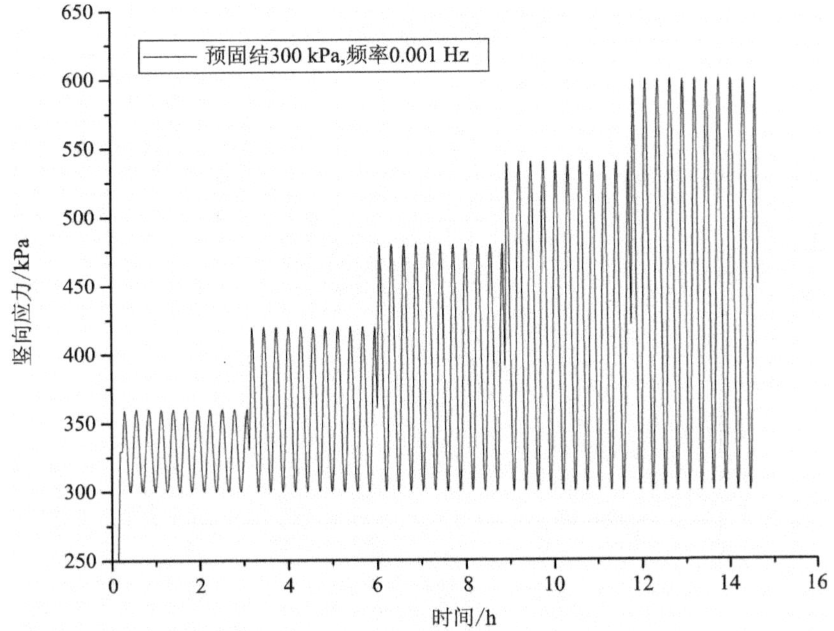
预固结300 kPa,频率0.001 Hz
竖向应力/kPa
时间/h

(a)

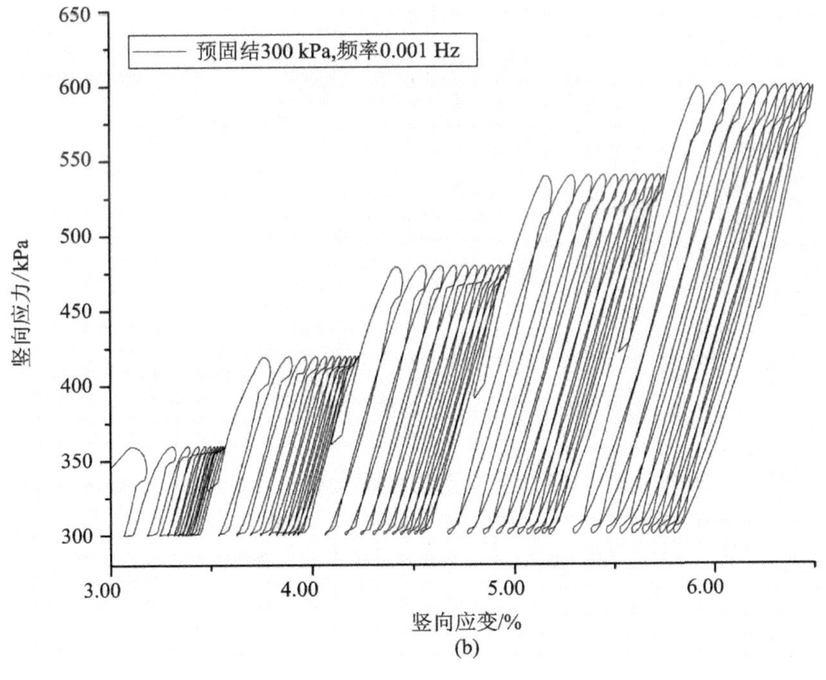
预固结300 kPa,频率0.001 Hz
竖向应力/kPa
竖向应变/%

(b)

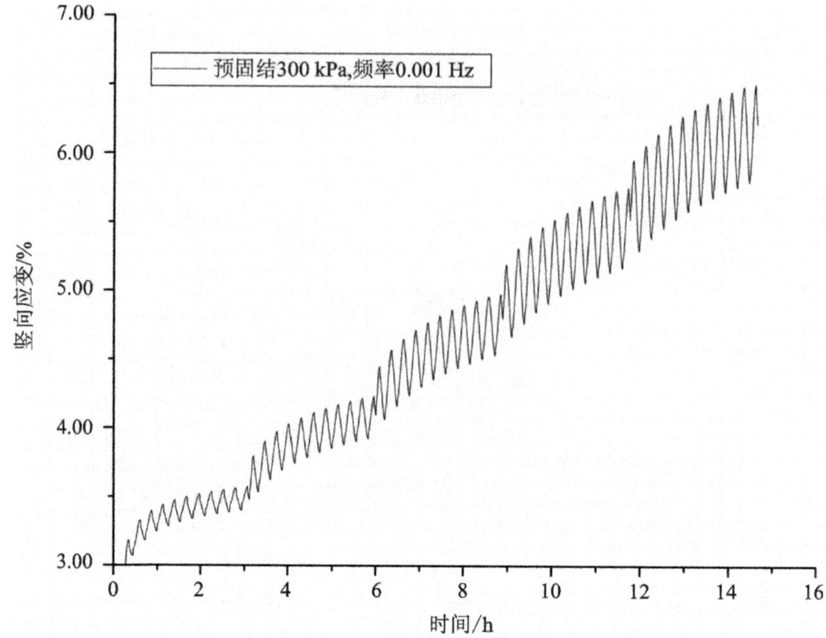

(c)

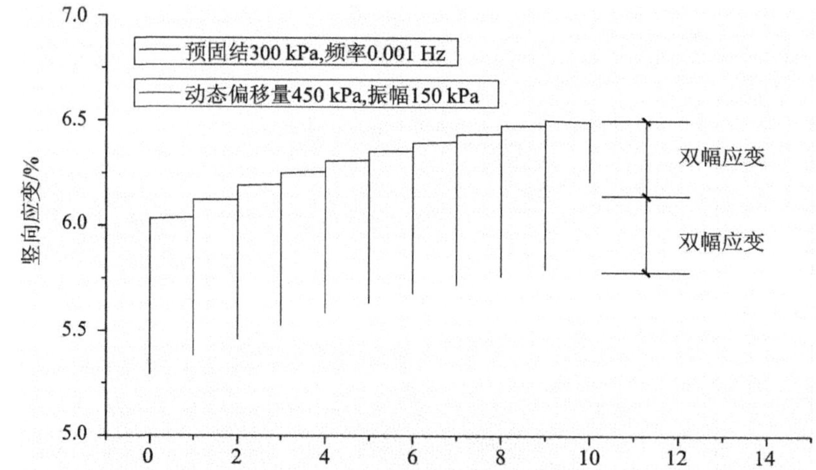

(d)

图 3.5 试验 3 饱和软黏土循环荷载试验(固结压力 300 kPa)的变形曲线

(a)循环荷载随时间的变化曲线;(b)五组循环荷载作用下应力-应变关系曲线

(c)竖向应变随时间的累积变形曲线;(d)五组不同荷载共 50 个循环动力荷载作用下竖向变形图

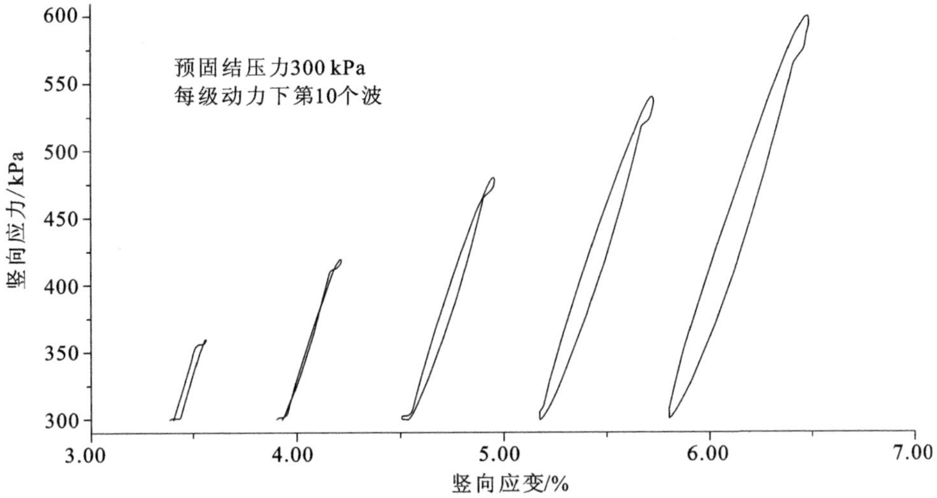

图 3.6　第 10 个循环荷载作用下饱和软黏土的应力-应变关系曲线

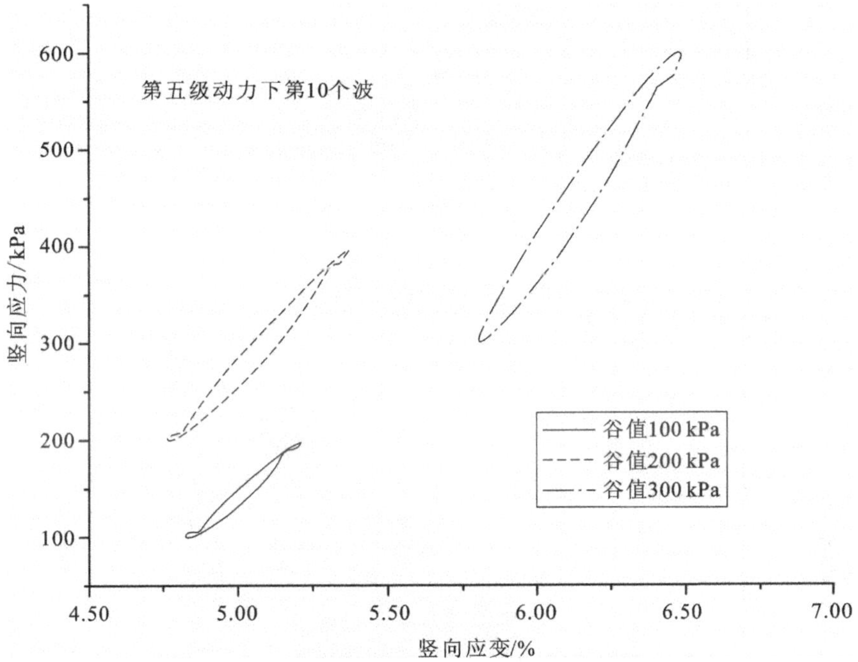

图 3.7　三组试样不同试验中应力-应变对比图

3.4.2　应力中心荷载递增下的饱和软黏土动力特性

本组试验测试了中心荷载不断增加情况下的饱和软黏土动力特性，试验曲线见图 3.8、图 3.9。

从试验结果可以看出，随着动应力的增加，土体变形增加，在动力荷载保持恒定的情况下，随着循环荷载次数的增加，土体变形缓慢增加。不同循环周期下，饱和软黏土的应变呈现应变累计效应。

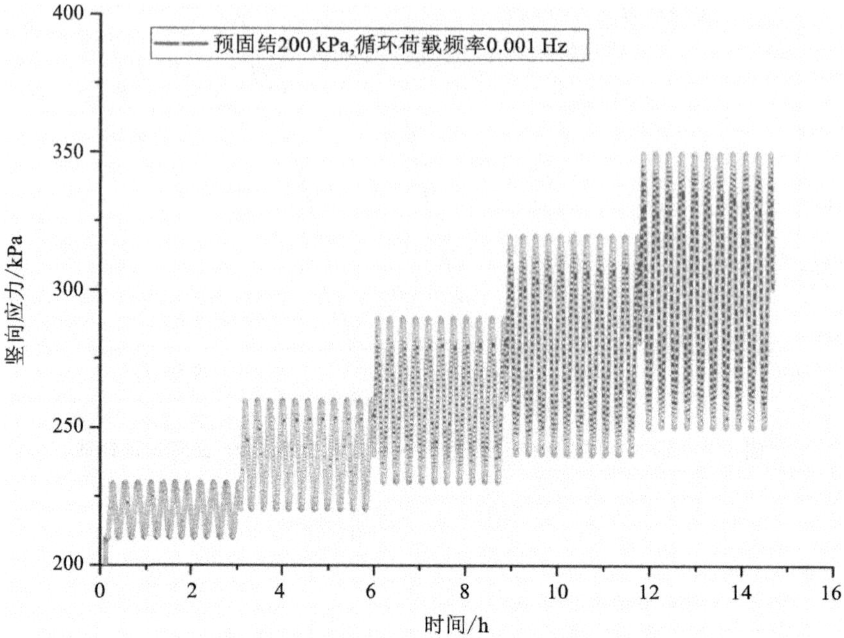
预固结200 kPa,循环荷载频率0.001 Hz
竖向应力/kPa
时间/h
400
350
300
250
200
0
2
4
6
8
10
12
14
16

(a)

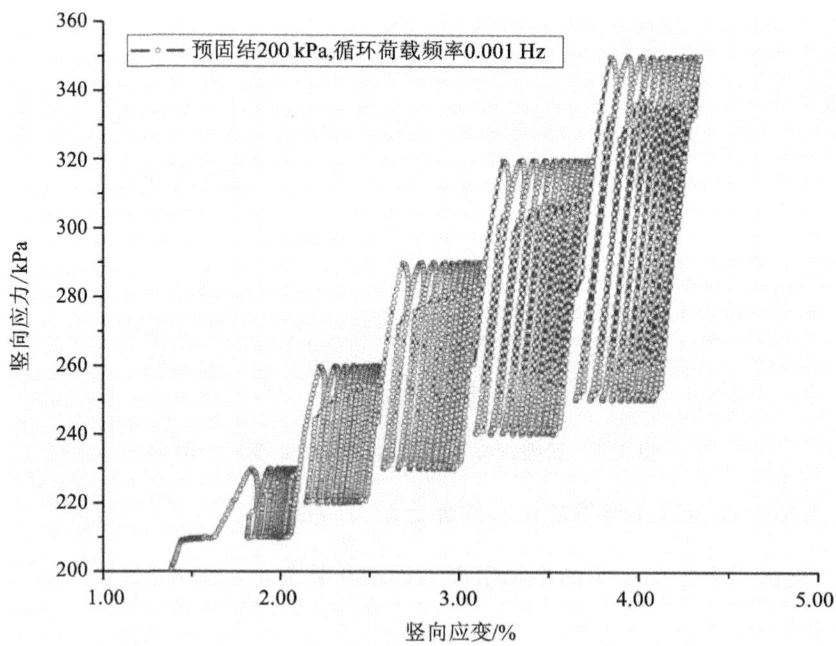
预固结200 kPa,循环荷载频率0.001 Hz
竖向应力/kPa
竖向应变/%
360
340
320
300
280
260
240
220
200
1.00
2.00
3.00
4.00
5.00

(b)

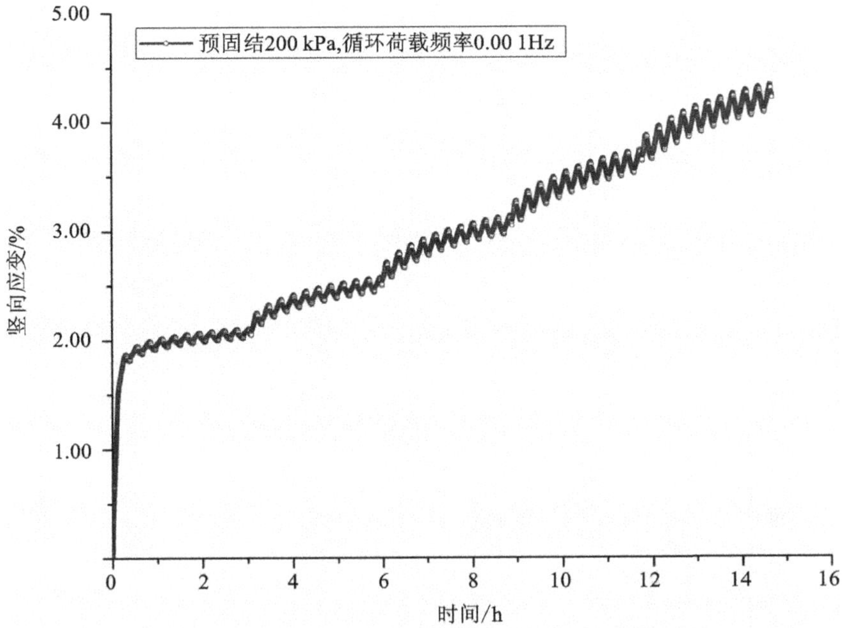

(c)

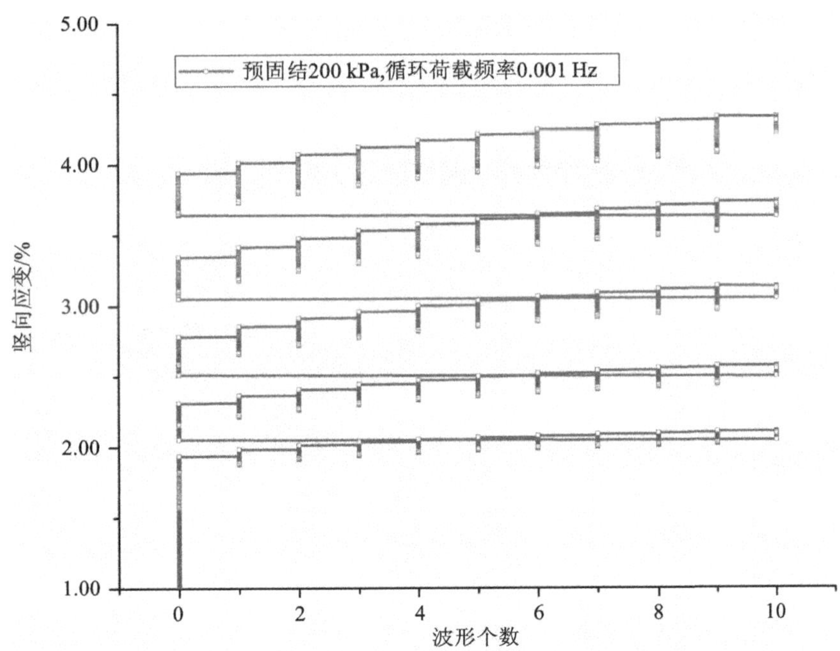

(d)

图 3.8 饱和软黏土在中心荷载增加下的动力循环试验(固结压力 200 kPa)曲线

(a)循环荷载随时间的变化曲线;(b)五组循环荷载作用下应力-应变关系曲线;

(c)竖向应变随时间的累积变形曲线;(d)五组不同荷载共 50 个循环动力荷载作用下竖向变形图

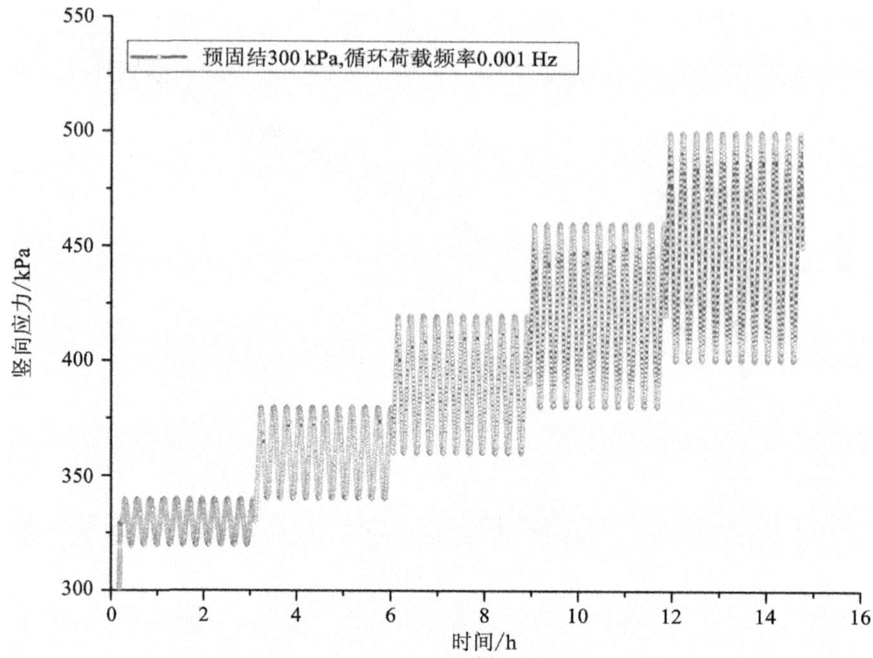

预固结300 kPa,循环荷载频率0.001 Hz
竖向应力/kPa
时间/h

(a)

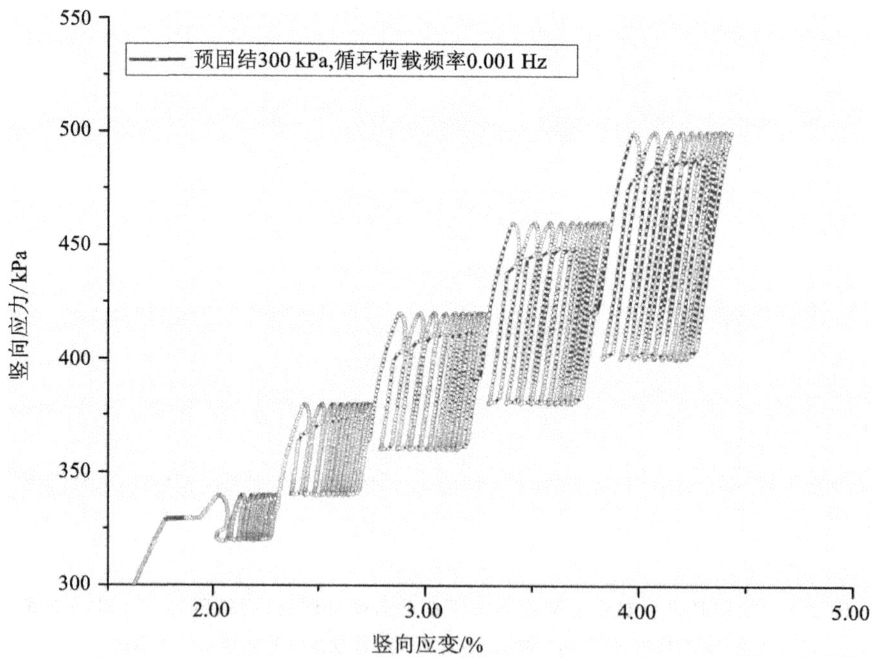

预固结300 kPa,循环荷载频率0.001 Hz
竖向应力/kPa
竖向应变/%

(b)

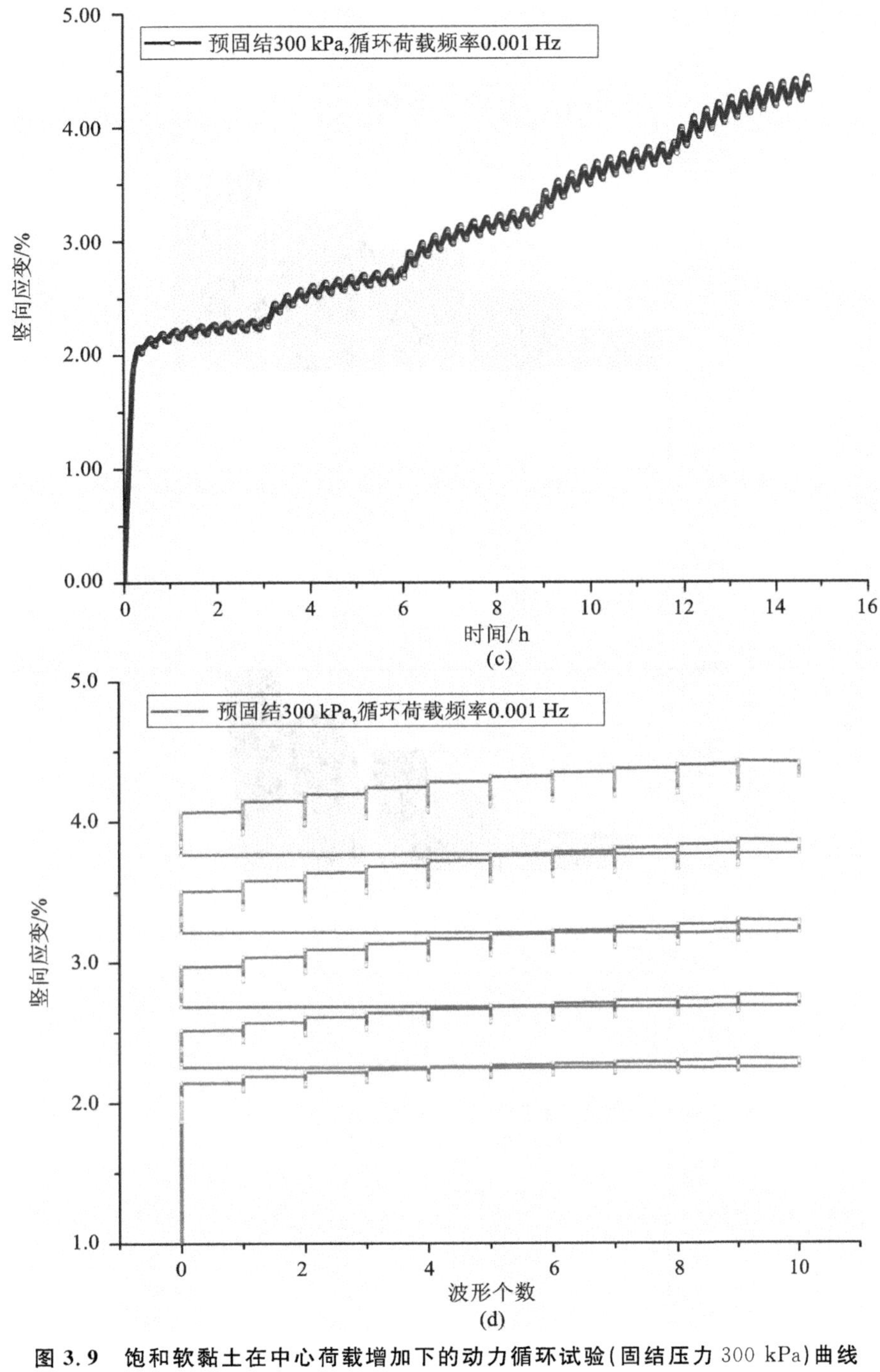

图 3.9　饱和软黏土在中心荷载增加下的动力循环试验(固结压力 300 kPa)曲线

(a)循环荷载随时间的变化曲线;(b)五组循环荷载作用下应力-应变关系曲线;

(c)竖向应变随时间的累积变形曲线;(d)五组不同荷载共 50 个循环动力荷载作用下竖向变形图

3.4.3　三维加载下饱和软黏土的三轴循环荷载试验

为进一步研究荷载频率和围压对饱和软黏土变形特性的影响,我们进行了不同加载频率和不同围压下的三轴循环荷载试验。试验方案如前所述,这里采用正弦波加载方式。试验结果如图 3.10 至图 3.14 所示。

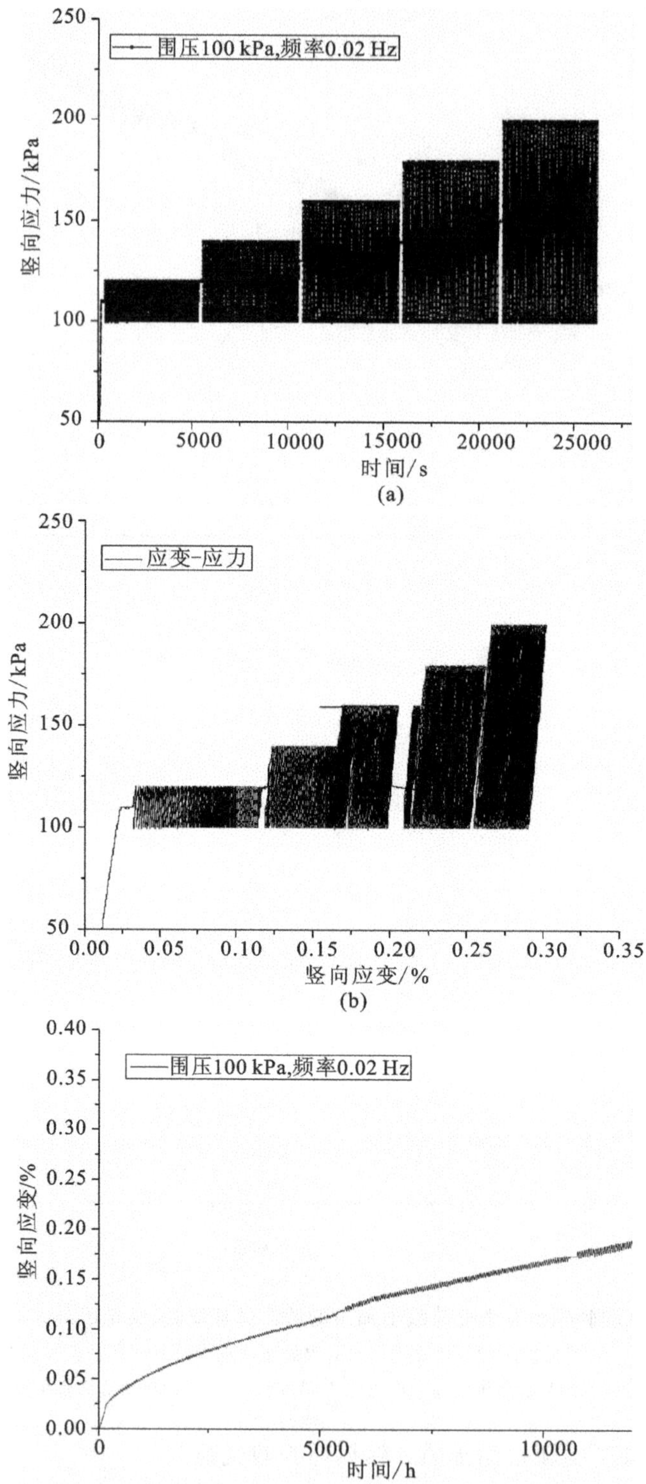

图 3.10　饱和软黏土在 100 kPa 围压、0.02 Hz 频率的正弦循环五组荷载作用下的试验结果

(a)竖向应力随时间的变化曲线；(b)应力-应变关系曲线；(c)竖向应变随时间的累积变形曲线

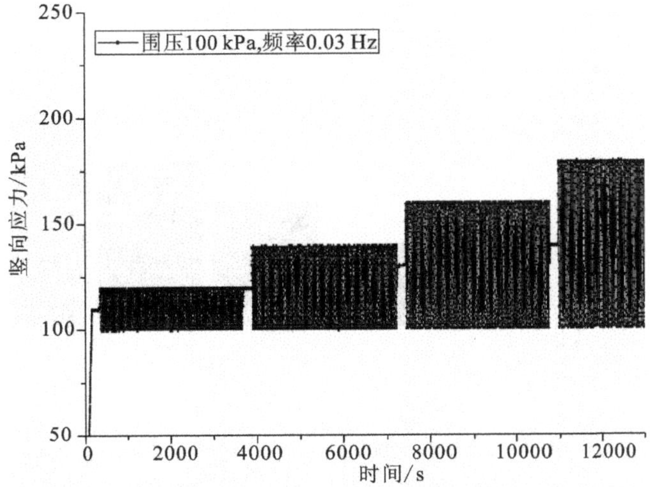

(a)

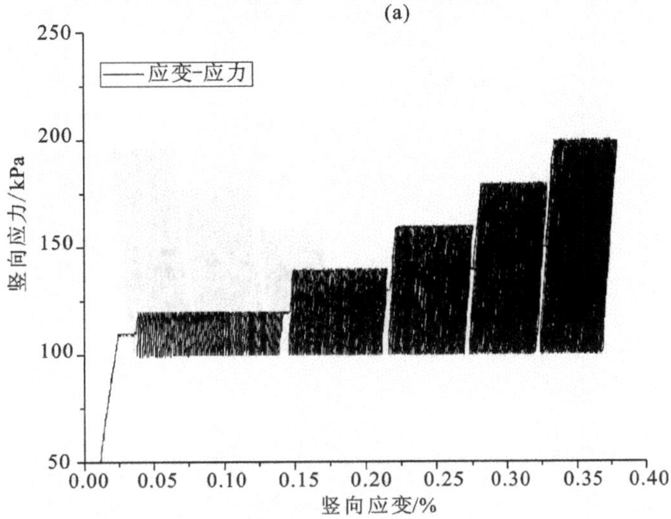

(b)

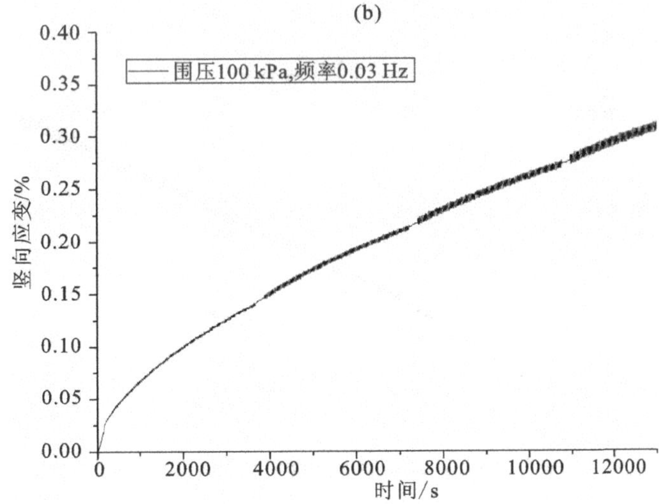

(c)

图 3.11 饱和软黏土在 100 kPa 围压、0.03 Hz 频率的正弦循环五组荷载作用下的试验结果

(a)竖向应力随时间的变化曲线;(b)五组循环荷载作用下应力-应变关系曲线;(c)竖向应变随时间的累积变形曲线

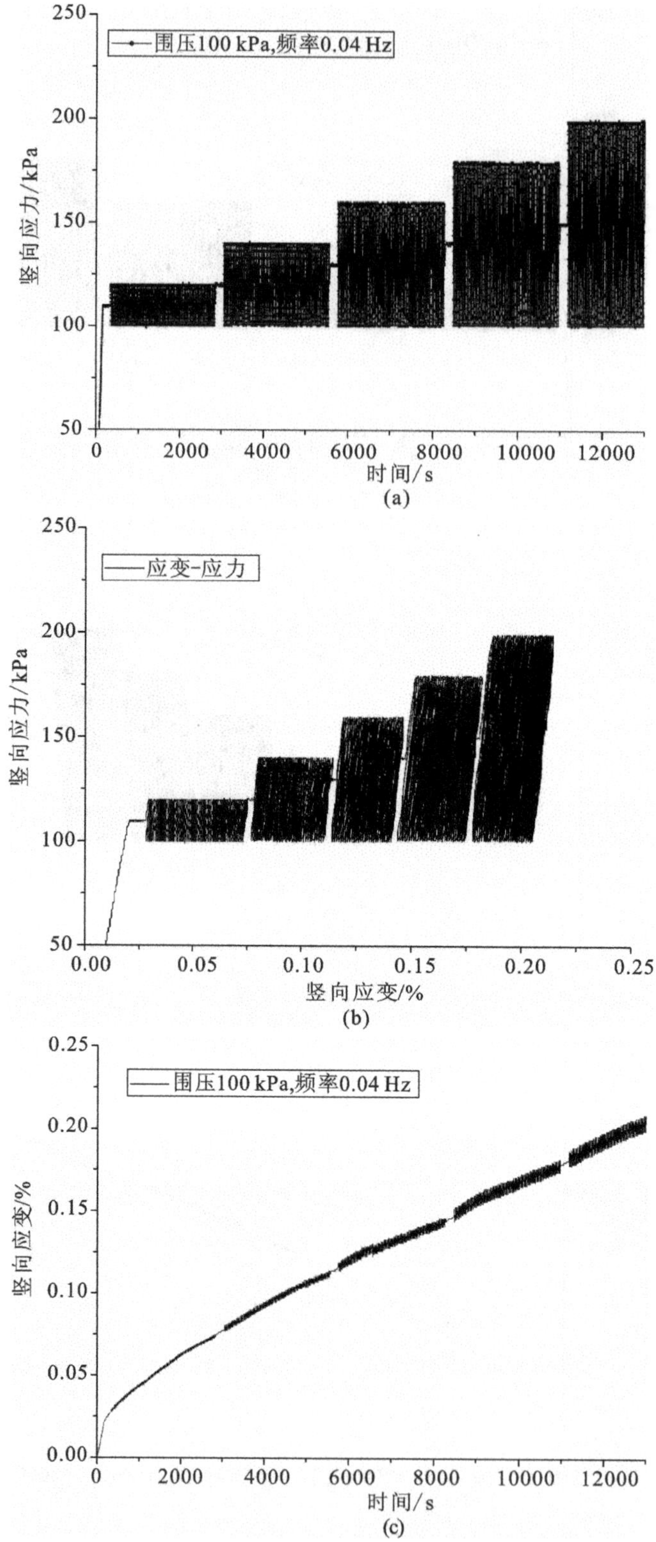

图 3.12 饱和软黏土在 100 kPa 围压、0.04 Hz 的正弦循环五组荷载作用下的试验结果

(a)竖向应力随时间的变化曲线;(b)五组循环荷载作用下应力-应变关系曲线;(c)竖向应变随时间的累积变形曲线

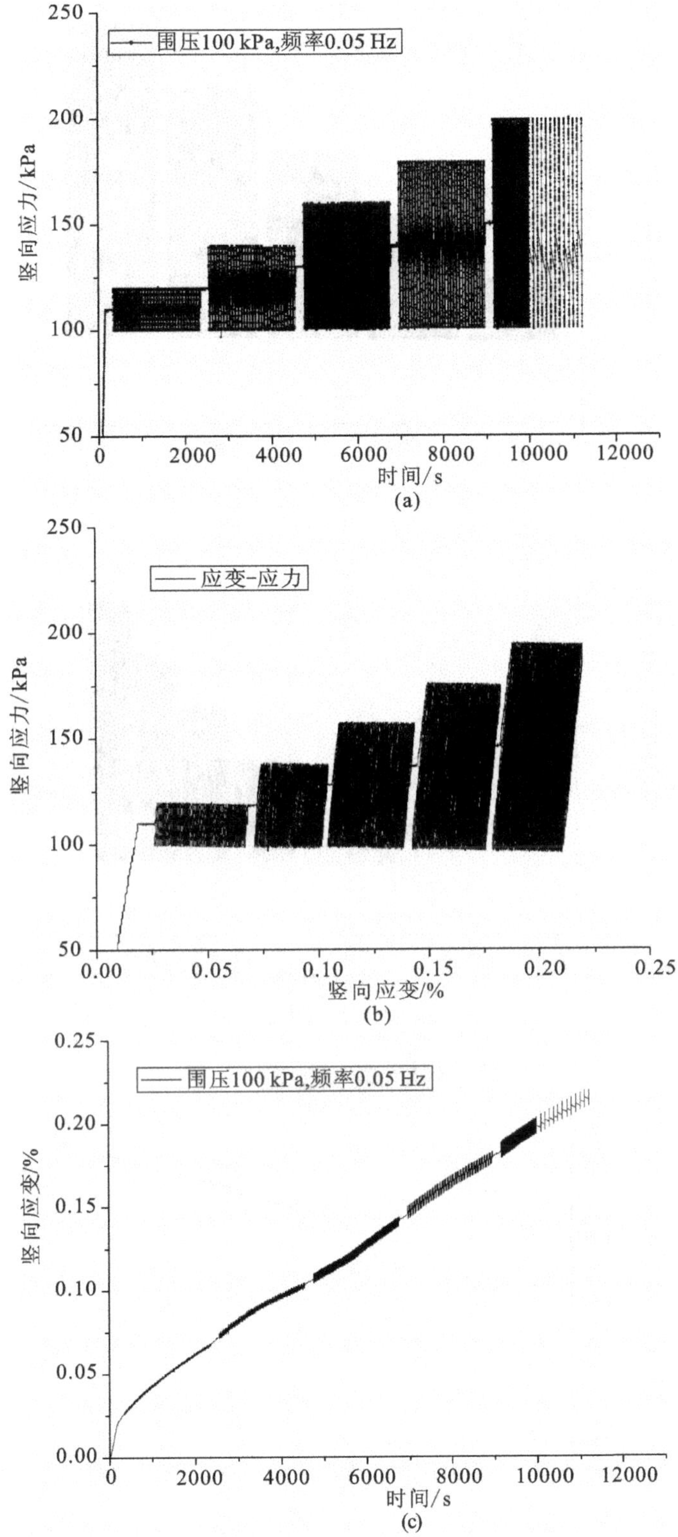

图 3.13 饱和软黏土在 100 kPa 围压、0.05 Hz 频率的正弦循环五组荷载作用下的试验结果

(a)竖向应力随时间的变化曲线;(b)五组循环荷载作用下应力-应变关系曲线;(c) 竖向应变随时间的累积变形曲线

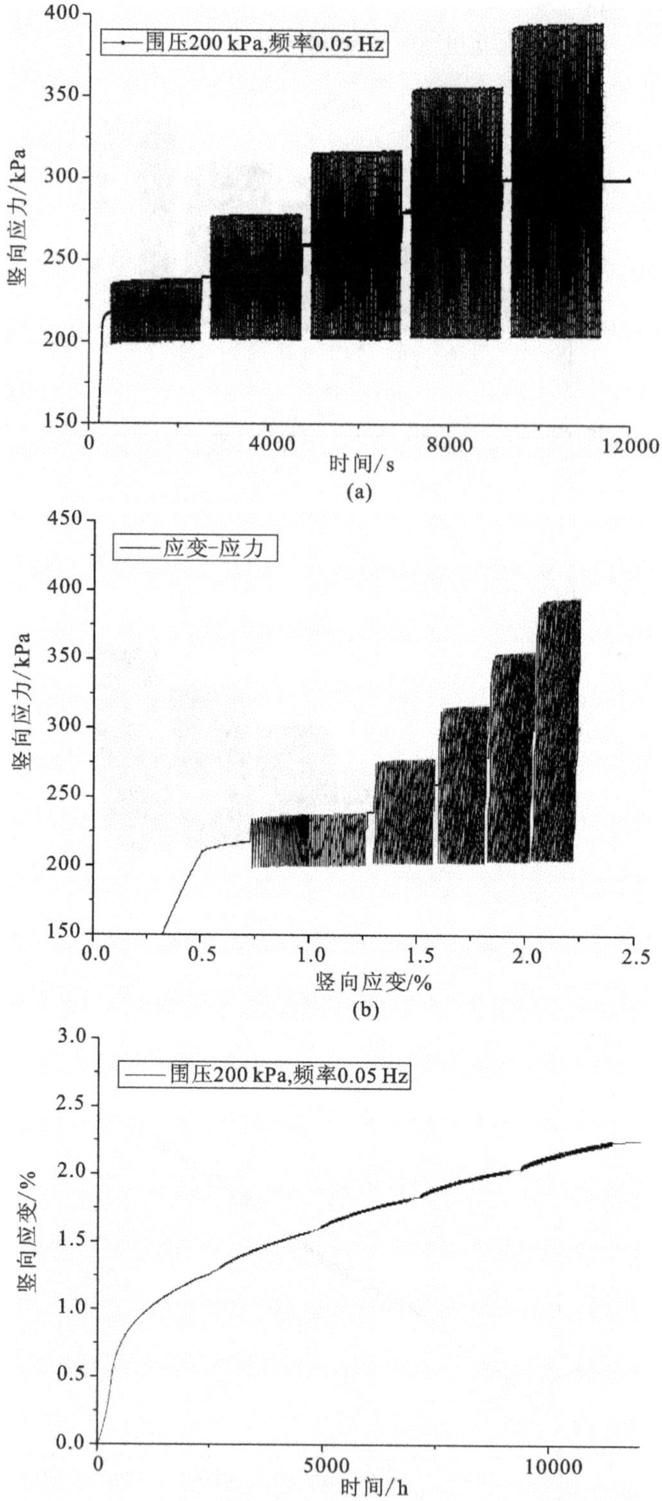

图 3.14　饱和软黏土在 200 kPa 围压、0.05 Hz 频率的正弦循环五组荷载作用下的试验结果

(a)竖向应力随时间的变化曲线;(b)五组循环荷载作用下应力-应变关系曲线;(c)竖向应变随时间的累积变形曲线

4 动力循环荷载作用下软黏土变形特性研究

4.1 地基模型

本项目开展了一系列的循环动力荷载试验，以研究不同频率、不同荷载作用下软黏土的变形特性，在大量室内试验基础上，建立了软黏土在动力循环荷载作用下的长期变形特性和蠕变特性模型，为软黏土的长期沉降变形提供理论指导。

已有的软黏土沉降分析模型，大都基于弹性理论和线性假定，使得沉降预测的误差较大。考虑到现场实际存在的深厚软黏土达 10 多米，土体表现出很强的非线性特性，因此，本项目试图建立非线性变形计算模型，分析计算软黏土的长期变形特性。其计算模型见图 4.1。

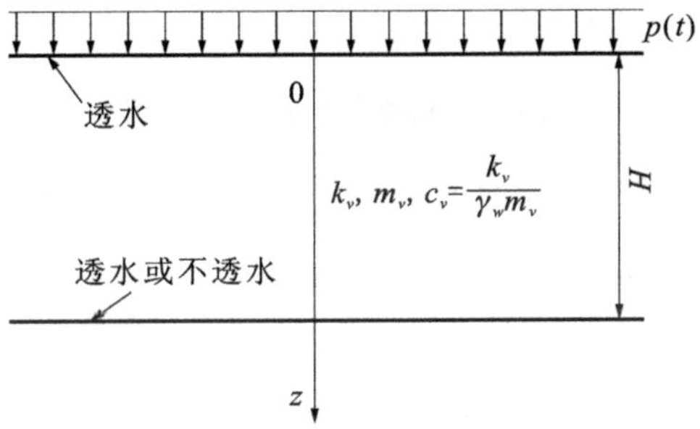

图 4.1 非线性固结计算地基模型

1925 年，太沙基即建立了饱和土单向固结微分方程，并获得了一定初始条件与边界条件时的数学解。下式即为著名的太沙基一维固结微分方程：

$$\frac{\partial p}{\partial t} = C_v \frac{\partial^2 p}{\partial z^2} \tag{4-1}$$

此模型假设土体是饱和的，土中的固体颗粒和孔隙水在固结过程中体积不可压缩，并且固结变形是小变形，水的渗流服从 Darcy 定律。初始有效应力(即自重应力)沿深度均匀分布，且土体中的渗透系数沿深度保持恒定。

在实际工程中，作用在地基上的荷载并不总是保持恒定的，有可能其荷重随施工进程逐渐增加。考虑到荷载随时间的变化，席夫曼(Shiffman)给出了此情况下的理论解：

$$\frac{\partial p}{\partial t} - \frac{\partial \sigma_{zz}}{\partial t} = C_v \frac{\partial^2 p}{\partial z^2} \tag{4-2}$$

假设土层是双面排水，荷载随时间按直线规律增长(图 4.2)，并在某一时刻后恒定，则增长率为 $\frac{\partial p}{\partial t} = \frac{\sigma_0}{t_c}$，$\sigma_0$ 为某时刻 t_c 施加的外荷载。在此条件下，土层中的平均超静水压力与平均固结度按下面式子计算：

$$\mu = \sum_{m=0}^{\infty} \frac{2q_c}{M^3 T_3} \sin \frac{Mz}{H} [1 - \exp(-M^2 T_v)], t < t_c \tag{4-3}$$

$$U_{av} = \frac{T_v}{T_c} \left\{ 1 - \frac{2}{T_v} \sum_{m=0}^{\infty} \frac{1}{M^4} [1 - \exp(-M^2 T_v)] \right\}, t < t_c \tag{4.4}$$

$$\mu = \sum_{m=0}^{\infty} \frac{2q_c}{M^3 T_c} \sin \frac{Mz}{H} [\exp(M^2 T_c - 1)] \exp(-M^2 T_v), t \geqslant t_c \tag{4-5}$$

$$U_{av} = 1 - \frac{2}{T_c} \sum_{m=0}^{\infty} \frac{1}{M^4} [\exp(M^2 T_c - 1)] \exp(-M^2 T_v), t \geqslant t_c \tag{4-6}$$

$$\left. \begin{aligned} T_c &= \frac{C_v t_c}{H^2} \\ T_v &= \frac{C_v t}{H^2} \end{aligned} \right\} \tag{4-7}$$

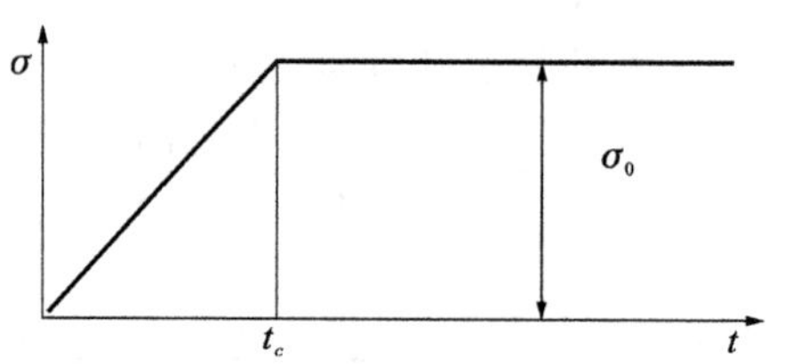

图 4.2　荷载随时间线性增长

线性加载时的平均固结度与建设时间因数和时间因数的关系曲线见图 4.3。

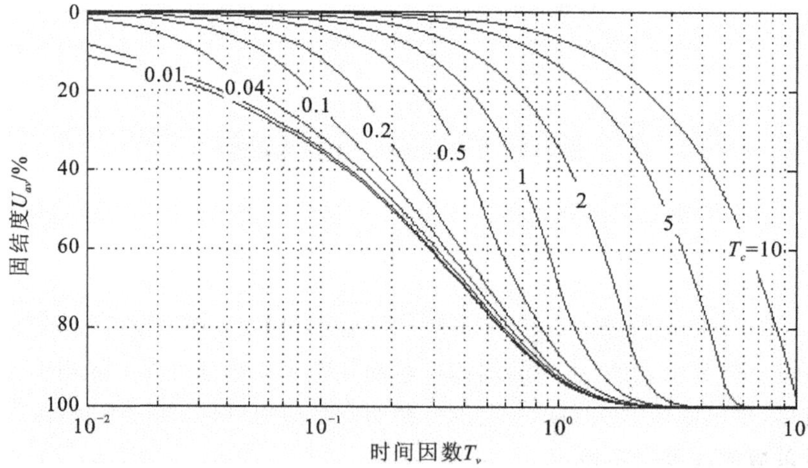

图 4.3　线性加载时的平均固结度与建设时间因数和时间因数的关系曲线

4.2　循环荷载

土体在受到周期荷载作用下，其变形特性呈现非线性。通常循环荷载有两种：一种是正弦荷载，一种是三角形周期荷载。本项目对两种不同循环荷载下土体的固结变形特性进行了研究和分析。

图 4.4 给出了常用的两种周期荷载。周期荷载可以用如下方程表示：

$$\left.\begin{aligned} q(t) &= q_0\sin\left(\frac{\pi t}{t_0}\right)+q_1 \\ \frac{\mathrm{d}q}{\mathrm{d}t} &= \frac{q_0\pi}{t_0}\cos\left(\frac{\pi t}{t_0}\right) \\ A &= \frac{q_0\pi}{t_0} \\ w &= \frac{\pi}{t_0} \end{aligned}\right\} \tag{4-8}$$

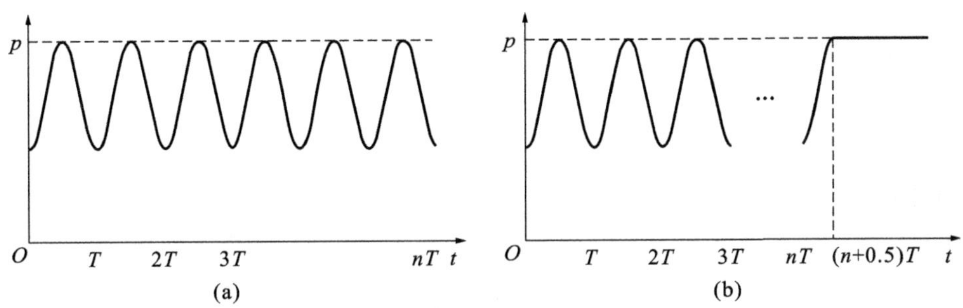

图 4.4 正弦循环荷载示意图

初始方程、边界条件、初始条件为：

$$\left.\begin{aligned} &\frac{\partial u}{\partial t}-C_v\frac{\partial^2 u}{\partial z^2} = A\cos(wt) \\ &u(0,t) = \frac{\partial u}{\partial z}(l,t) = 0 \\ &u(z,0) = q_1 \end{aligned}\right\} \tag{4-9}$$

其中 l 为排水距离，通解形式为：

$$u(z,t) = \sum_{k=0}^{\infty} T_k(t)\sin\left[\frac{(k\pi+0.5\pi)z}{l}\right] \tag{4-10}$$

代入初始方程中，得：

$$\left.\begin{aligned} &T'_k(t)+A_1T_k(t) = A_k \\ &A_1 = C_v\left(\frac{k\pi+0.5\pi}{l}\right)^2 \\ &A_2 = \frac{2A}{k\pi+0.5\pi} \\ &A_k = \frac{2}{l}\int_0^l A\cos(wt)\sin\left(\frac{k\pi+0.5\pi}{l}\right)z\,\mathrm{d}z = \frac{2A\cos(wt)}{k\pi+0.5\pi} = A_2\cos(wt) \end{aligned}\right\} \tag{4-11}$$

代入边界条件与初始条件中，得：

$$\left.\begin{aligned}&T'_k(t)+A_1T_k(t)=A_k\\&T_k(0)=\frac{2}{l}\int_0^l q_1\sin\left[\frac{(k\pi+0.5\pi)z}{l}\right]\mathrm{d}z=\frac{2q_1}{k\pi+0.5\pi}\\&T_k(t)=\mathrm{e}^{-A_1t}\left(c+\int A_k\mathrm{e}^{A_1t}\mathrm{d}t\right)\\&c=\frac{2q_1}{k\pi+0.5\pi}-\frac{A_2A_1}{A_1^2+w^2}\end{aligned}\right\}\tag{4-12}$$

用分部积分法计算 $\int A_k\mathrm{e}^{A_1t}\mathrm{d}t=\dfrac{A_2\mathrm{e}^{A_1t}(A_1\cos(wt)+w\sin(wt))}{A_1^2+w^2}$，得：

$$\left.\begin{aligned}&T_k(t)=\mathrm{e}^{-A_1t}\left[\frac{A_2\mathrm{e}^{A_1t}(A_1\cos(wt)+w\sin(wt))}{A_1^2+w^2}+c\right]\\&T_k(0)=c+\frac{A_2A_1}{A_1^2+w^2}=\frac{2q_1}{k\pi+0.5\pi}\\&T_k(t)=\mathrm{e}^{-A_1t}\left[\frac{2q_1}{k\pi+0.5\pi}-\frac{A_2A_1}{A_1^2+w^2}+\frac{A_2\mathrm{e}^{A_1t}(A_1\cos(wt)+w\sin(wt))}{A_1^2+w^2}\right]\end{aligned}\right\}\tag{4-13}$$

可得孔隙水压力的表达式为：

$$u(z,t)=\sum_{k=0}^{\infty}\mathrm{e}^{-A_1t}\left[\frac{2q_1}{k\pi+0.5\pi}-\frac{A_2A_1}{A_1^2+w^2}+\frac{A_2\mathrm{e}^{A_1t}(A_1\cos(wt)+w\sin(wt))}{A_1^2+w^2}\right]\sin\left[\frac{(k\pi+0.5\pi)z}{l}\right]\tag{4-14}$$

以孔隙水压力的消散程度定义的固结度表示如下：

$$U=\frac{q_0\sin(wt)+q_1}{q_1+q_0}-\frac{1}{q_1+q_0}\sum_{k=0}^{\infty}\frac{\mathrm{e}^{-A_1t}\left[\frac{2q_1}{k\pi+0.5\pi}-\frac{A_2A_1}{A_1^2+w^2}+\frac{A_2\mathrm{e}^{A_1t}(A_1\cos(wt)+w\sin(wt))}{A_1^2+w^2}\right]}{k\pi+0.5\pi}\tag{4-15}$$

当加载到第 N 次循环的最大值之后保持最大荷载恒定，则可以得出以下固结度计算方法。

若 $0<t<(2N-1)t_0$，有：

$$u(z,t)=\sum_{k=0}^{\infty}\mathrm{e}^{-A_1t}\left[\frac{2q_1}{k\pi+0.5\pi}-\frac{A_2A_1}{A_1^2+w^2}+\frac{A_2\mathrm{e}^{A_1t}(A_1\cos(wt)+w\sin(wt))}{A_1^2+w^2}\right]\sin\left[\frac{(k\pi+0.5\pi)z}{l}\right]\tag{4-16}$$

$$U=\frac{q_0\sin(wt)+q_1}{q_1+q_0}-\frac{1}{q_1+q_0}\sum_{k=0}^{\infty}\frac{\left[\frac{2q_1}{k\pi+0.5\pi}-\frac{A_2A_1}{A_1^2+w^2}+\frac{A_2\mathrm{e}^{A_1t}(A_1\cos(wt)+w\sin(wt))}{A_1^2+w^2}\right]}{k\pi+0.5\pi}\tag{4-17}$$

若 $t>(2N-1)t_0$，有：

$$u(z,t)=\sum_{k=0}^{\infty}C_k\mathrm{e}^{-A_1t}\sin\left[\frac{(k\pi+0.5\pi)z}{l}\right]$$

由连续条件可知：

$$u(z,(2N-1)t_0^-)=u(z,(2N-1)t_0^+)$$

$$C_k = \frac{2q_1}{k\pi + 0.5\pi} - \frac{A_2 A_1}{A_1^2 + w^2} + \frac{A_2 e^{A_1(2N-1)t_0}[A_1\cos(w(2N-1)t_0) + w\sin(w(2N-1)t_0)]}{A_1^2 + w^2} \tag{4-18}$$

进而得孔隙水压力与固结度计算公式：

$$u(z,t) = \sum_{k=0}^{\infty}\left(\frac{2q_1}{k\pi + 0.5\pi} - \frac{A_2 A_1}{A_1^2 + w^2} + \frac{A_2 e^{A_1(2N-1)t_0}[A_1\cos(w(2N-1)t_0) + w\sin(w(2N-1)t_0)]}{A_1^2 + w^2}\right)\cdot e^{-A_1 t}\sin\left[\frac{(k\pi + 0.5\pi)z}{l}\right]$$

$$U(z,t) = \frac{q_0\sin(wt) + q_1}{q_1 + q_0} - \frac{1}{q_1 + q_0}\cdot \sum_{k=0}^{\infty}\frac{e^{-A_1 t}\left\{\frac{2q_1}{k\pi + 0.5\pi} - \frac{A_2 A_1}{A_1^2 + w^2} + \frac{A_2 e^{A_1(2N-1)t_0}[A_1\cos(w(2N-1)t_0) + w\sin(w(2N-1)t_0)]}{A_1^2 + w^2}\right\}}{k\pi + 0.5\pi} \tag{4-19}$$

4.3 三角形循环荷载

在某些复杂荷载条件下用三角形循环荷载或将三角形循环荷载与正弦循环荷载结合更易拟合现实中土体的受力情况，现给出三角形循环荷载条件下的固结度计算方法。

三角形循环荷载分布函数如下：

$$\left.\begin{aligned} q(t) &= \frac{q_u[t-(2N-1)t_0]}{t_0} + q_0, \quad 2(N-1)t_0 < t < (2N-1)t_0 \\ q(t) &= -\frac{q_u(t \quad 2Nt_0)}{t_0} + q_0, \quad (2N-1)t_0 < t < 2Nt_0 \end{aligned}\right\} \tag{4-20}$$

原始状态方程、边界条件、初始条件为：

$$\left.\begin{aligned} &\frac{\partial p}{\partial t} - C_v\frac{\partial^2 p}{\partial z^2} = \frac{q_u}{t_0} \\ &p(0,t) = p_z(L,t) = 0 \\ &p(z,0) = q_0 \end{aligned}\right\} \tag{4-21}$$

等价于在原来基础上叠加 q_0 的荷载，相应的数学问题等价为：

$$\left.\begin{aligned} &\frac{\partial p}{\partial t} - C_v\frac{\partial^2 p}{\partial z^2} = 0 \\ &p(0,t) = p_z(L,t) = 0 \\ &p(z,0) = 0 \end{aligned}\right\} \tag{4-22}$$

方程解的形式为：

$$\left.\begin{aligned} p(z,t) &= \sum_{k=0}^{\infty} C_k e^{-A_1 t}\sin\left[\frac{(k\pi + 0.5\pi)z}{l}\right] \\ C_k &= \frac{2q_0}{k\pi + 0.5\pi} \\ p(z,t) &= \sum_{k=0}^{\infty}\frac{2q_0}{k\pi + 0.5\pi}e^{-A_1 t}\sin\left[\frac{(k\pi + 0.5\pi)z}{l}\right] \end{aligned}\right\} \tag{4-23}$$

结合初始孔隙水压力为零的情况，可知 $t<t_0$ 时，有：

$$P(z,t)=\sum_{k=0}^{\infty}\frac{A_k(1-e^{-A_1 t})}{A_1}\sin\left[\frac{(k\pi+0.5\pi)z}{l}\right]+\sum_{k=0}^{\infty}\frac{2q_0}{k\pi+0.5\pi}e^{-A_1 t}\sin\left[\frac{(k\pi+0.5\pi)z}{l}\right]$$

$$U=\frac{q-\frac{1}{H}\int_0^H u\mathrm{d}z}{q_u+q_0}=\frac{q_0+\frac{q_u}{t_0}t}{q_u+q_0}-\sum_{k=0}^{\infty}\frac{A_k(1-e^{-A_1 t})/A_1+2q_0 e^{-A_1 t}/(k\pi+0.5\pi)}{(q_u+q_0)(k\pi+0.5\pi)}\quad(4\text{-}24)$$

$t_0<t<2t_0$ 时，有：

$$P(z,t)=\sum_{k=0}^{\infty}\frac{A_k(2e^{A_1(t_0-t)}-e^{-A_1 t}-1)}{A_1}\sin\left[\frac{(k\pi+0.5\pi)z}{l}\right]+\sum_{k=0}^{\infty}\frac{2q_0}{k\pi+0.5\pi}e^{-A_1 t}\sin\left[\frac{(k\pi+0.5\pi)z}{l}\right]$$

$$U=\frac{q-\frac{1}{H}\int_0^H u\mathrm{d}z}{q_u+q_0}=\frac{q_0-\frac{q_u}{t_0}(t-2t_0)}{q_u+q_0}-\sum_{k=0}^{\infty}\frac{A_k(2e^{A_1(t_0-t)}-1-e^{-A_1 t})/A_1+2q_0 e^{-A_1 t}/(k\pi+0.5\pi)}{(q_u+q_0)(k\pi+0.5\pi)}\quad(4\text{-}25)$$

当循环加载次数 $N>1$ 时（N 为自然数）

若 $2(N-1)t_0<t<(2N-1)t_0$，则有：

$$P(z,t)=\sum_{k=0}^{\infty}\frac{A_k\left[2\sum_{m=1}^{N-1}e^{A_1(2m-1)t_0-t}-2\sum_{m=1}^{N-1}e^{A_1(2mt_0-t)}+1-e^{-A_1 t}\right]}{A_1}\sin\left[\frac{(k\pi+0.5\pi)z}{l}\right]+\sum_{k=0}^{\infty}\frac{2q_0}{k\pi+0.5\pi}e^{-A_1 t}\sin\left[\frac{(k\pi+0.5\pi)z}{l}\right]$$

$$U=\frac{q-\frac{1}{H}\int_0^H u\mathrm{d}z}{q_u+q_0}=\frac{q_0+\frac{q_u}{t_0}[t-2(N-1)t_0]}{q_u+q_0}-\sum_{k=0}^{\infty}\frac{2A_k\left\{1-e^{-A_1 t}+2\sum_{m=1}^{N-1}e^{A_1[(2m-1)t_0-t]}-2\sum_{m=1}^{N-1}e^{A_1(2mt_0-t)}\right\}}{A_1(q_u+q_0)(2k+1)\pi}-\sum_{k=0}^{\infty}\frac{2q_0 e^{-A_1 t}}{(q_u+q_0)(k\pi+0.5\pi)^2}\quad(4\text{-}26)$$

若 $(2N-1)t_0<t<2Nt_0$，则有：

$$P(z,t)=\sum_{k=0}^{\infty}\frac{A_k\left\{2\sum_{m=1}^{N}e^{[A_1(2m-1)t_0-t]}-2\sum_{m=1}^{N-1}e^{A_1(2mt_0-t)}-1-e^{-A_1 t}\right\}}{A_1}+\sum_{k=0}^{\infty}\frac{2q_0}{k\pi+0.5\pi}e^{-A_1 t}\sin\left[\frac{(k\pi+0.5\pi)z}{l}\right]$$

$$U=\frac{q-\frac{1}{H}\int_0^H u\mathrm{d}z}{q_u+q_0}$$

$$= \frac{q_0 - \frac{q_u}{t_0}(t - 2Nt_0)}{q_u + q_0} - \sum_{k=0}^{\infty} \frac{2A_k\left\{-1 - e^{-A_1 t} + 2\sum_{m=1}^{N} e^{A_1[(2m-1)t_0 - t]} - 2\sum_{m=1}^{N-1} e^{A_1(2mt_0 - t)}\right\}}{A_1(q_u + q_0)(2k+1)\pi} - \sum_{k=0}^{\infty} \frac{2q_0 e^{-A_1 t}}{(q_u + q_0)(k\pi + 0.5\pi)^2} \tag{4-27}$$

假如在第 N 次加载达到最大值后荷载随时间保持恒定，则荷载恒定后的孔隙水压力和固结度表示为：

若第一次加载达到最大值后稳定

$$P(z,t) = \sum_{k=0}^{\infty}\left[\frac{A_k}{A_1}(e^{A_1 t_0} - 1) + \frac{2q_0}{k\pi + 0.5\pi}\right]e^{-A_1 t}\sin\left[\frac{(k\pi + 0.5\pi)z}{l}\right]$$

$$U = \frac{q - \frac{1}{H}\int_0^H u\,dz}{q_u + q_0} = 1 - \sum_{k=0}^{\infty} \frac{A_k(e^{A_1(t_0 - t)} - e^{-A_1 t})/A_1 + 2q_0 e^{-A_1 t}/(k\pi + 0.5\pi)}{(q_u + q_0)(k\pi + 0.5\pi)},\quad t > t_0 \tag{4-28}$$

若第 N 次加载达到最大值后稳定（$N>1$，N 为自然数）

$$P(z,t) = \sum_{k=0}^{\infty} \frac{A_k\left\{e^{A_1[(2N-1)t_0 - t]} - e^{-A_1 t} + 2\sum_{m=1}^{N-1} e^{A_1[(2m-1)t_0 - t]} - 2\sum_{m=1}^{N-1} e^{A_1(2mt_0 - t)}\right\}}{A_1}\sin\left[\frac{(k\pi + 0.5\pi)z}{l}\right] + \sum_{k=0}^{\infty} \frac{2q_0}{k\pi + 0.5\pi}e^{-A_1 t}\sin\left[\frac{(k\pi + 0.5\pi)z}{l}\right]$$

$$U = \frac{q - \frac{1}{H}\int_0^H u\,dz}{q_u + q_0} = 1 - \sum_{k=0}^{\infty} \frac{2A_k\left(e^{A_1[(2N-1)t_0 - t]} - e^{-A_1 t} + 2\sum_{m=1}^{N-1} e^{A_1[(2m-1)t_0 - t]} - 2\sum_{m=1}^{N-1} e^{A_1(2mt_0 - t)}\right)}{A_1(2k+1)\pi(q_u + q_0)} - \sum_{k=0}^{\infty} \frac{2q_0 e^{-A_1 t}}{(q_u + q_0)(k\pi + 0.5\pi)^2},\quad t > (2N-1)t_0 \tag{4-29}$$

三角形循环荷载示意如图 4.5 所示。

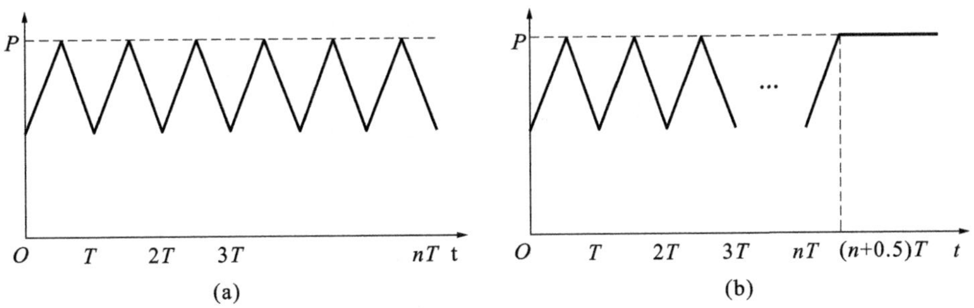

图 4.5　三角形循环荷载示意图

4.4　模型计算结果分析

不同荷载作用下土体的变形特性如图 4.6 所示。考虑土层厚度为 4 m 的饱和软黏土在不同时刻的变形情况，设定饱和土的压缩系数为 1.4624，平均渗透系数为 0.00019 m/d，正弦荷载周期为 10 d，循环次数 100 次，压力峰值为 100 kPa，振幅为 20 kPa，模型计算结果如图 4.6(a)所示。采用同样参数，分析了三角形荷载下 4 m 厚的饱和软黏土的变形特性，如图 4.6(b)所示。从计算结果可以看出，所得的理论模型较能反映出实际土体的变形特性。

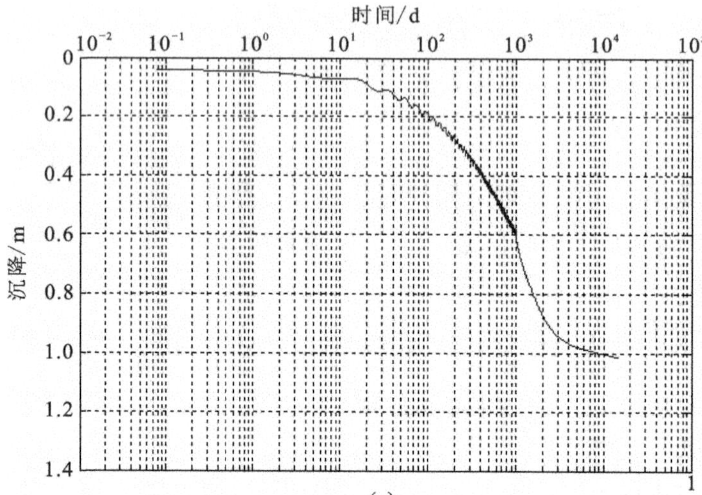

(a)

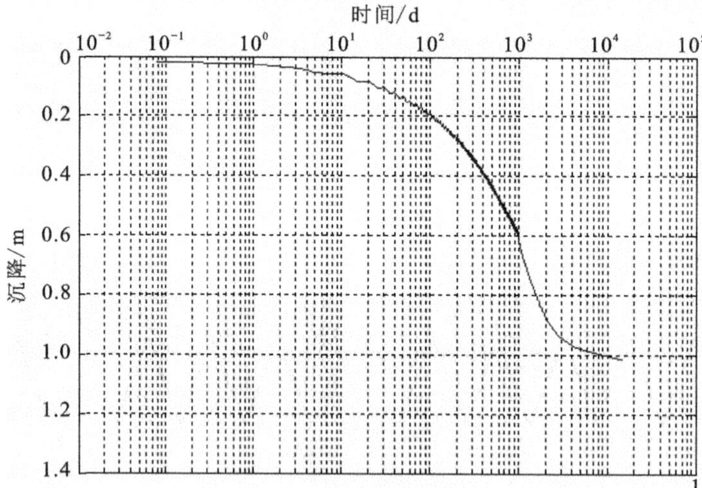

(b)

图 4.6　不同荷载作用下土体的变形特性

(a)正弦荷载；(b)三角形荷载

5 软黏土长期变形新算法

5.1 计算双层土固结沉降的新算法

5.1.1 理论依据

在软土地层加固工程中，常遇到成层地基的固结沉降计算问题。双层地基（天然或人工处理形成）一维固结无疑是最简单的成层地基固结问题。早在 1945 年，H. Gray 给出了双层土体在瞬时加载条件下的解析解，之后很多学者在双层土体的边界连续性、孔隙水压力非线性、平均固结度的定义等方面进行了广泛的研究，其中 Zhu 和 Yin（1999）给出了一种较为准确的双层地基固结度的计算方法。双层地基模型如图 5.1 所示。

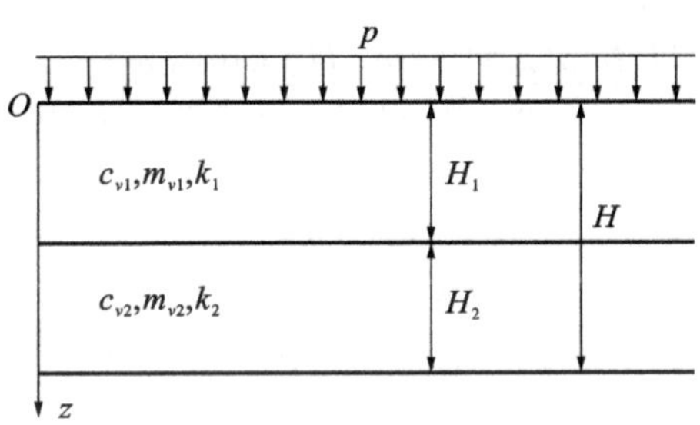

图 5.1 双层地基模型

在许多情况下，承重土层会由一种以上的不同土层所组成，且土层之间具有相互作用。考虑到双层土条件，新的简化方法可以表示为：

$$
\begin{aligned}
S_{totalB} &= \sum_{i=1}^{n} S_{ep,i} + \sum_{i=1}^{n} S_{creep,i} \\
&= U_a \sum_{i=1}^{n} \varepsilon_{ep,i} H_i + \sum_{i=1}^{n} [\alpha \varepsilon_{creep,i} + (1-\alpha)\varepsilon_{\text{“secondary”},i}] H_i \quad (t_e \geqslant 0, n=2) \qquad (5\text{-}1)
\end{aligned}
$$

U_a 是双层土的平均固结度，$\sum_{i=1}^{n} S_{creep,i}$ 是双层土的总蠕变沉降。从单层土推广到双层土的关键是如何确定 U_a 的值。

Zhu 和 Yin 通过引入两个独立的参数 p 和 q、施工时间因数 T_c 和时间因数 T_v，给出了双层土固结度的计算方法，并做出了详细的可直接查找结果的图表。本项目采用 Zhu 和 Yin 提出的方法求解 U_a，详细计算公式如下：

$$\left.\begin{aligned}
p &= \frac{\sqrt{k_2 m_{v2}} - \sqrt{k_1 m_{v1}}}{\sqrt{k_2 m_{v2}} + \sqrt{k_1 m_{v1}}} \\
q &= \frac{H_1 \sqrt{c_{v2}} - H_2 \sqrt{c_{v1}}}{H_1 \sqrt{c_{v2}} + H_2 \sqrt{c_{v1}}} \\
\omega &= \frac{(1+q)}{2} \\
\xi &= \frac{(1-q)}{2} \\
T_c &= \frac{c_{v1} c_{v2} t_c}{\left(H_1 \sqrt{c_{v2}} + H_2 \sqrt{c_{v1}}\right)^2} \\
T_v &= \frac{c_{v1} c_{v2} t}{\left(H_1 \sqrt{c_{v2}} + H_2 \sqrt{c_{v1}}\right)^2}
\end{aligned}\right\} \tag{5-2}$$

$$U_a(T, T_c) = \begin{cases} \dfrac{T_v}{T_c} - \sum\limits_{n=1}^{\infty} \dfrac{c_n}{\lambda_n^4 T_c}\left[1 - \exp(-\lambda_n^2 T_v)\right], T_v \leqslant T_c \\ 1 - \sum\limits_{n=1}^{\infty} \dfrac{c_n}{\lambda_n^4 T_c}\left[1 - \exp(-\lambda_n^2 T_c)\right]\exp\left[-\lambda_n^2 (T_v - T_c)\right], T_v > T_c \end{cases} \tag{5-3}$$

k_1 与 k_2 分别为土层一与土层二的渗透系数，m_{v1} 与 m_{v2} 分别为土层一与土层二的体积压缩系数。c_n 的值用以下公式计算：

$$c_n = \begin{cases} \dfrac{2\left[m_{v1} H_1 \xi \sin(\lambda_n \xi) + m_{v2} H_2 \omega \sin(\lambda_n \omega)\right]^2}{\omega^2 \xi^2 (m_{v1} H_1 + m_{v2} H_2)\left[m_{v1} H_1 \sin^2(\lambda_n \xi) + m_{v2} H_2 \sin^2(\lambda_n \omega)\right]}, \text{双面排水条件} \\ \dfrac{2\left[m_{v1} H_1 \xi \cos(\lambda_n \xi)\right]^2}{\omega^2 \xi^2 (m_{v1} H_1 + m_{v2} H_2)\left[m_{v1} H_1 \cos^2(\lambda_n \xi) + m_{v2} H_2 \sin^2(\lambda_n \omega)\right]}, \text{单面排水条件} \end{cases} \tag{5-4}$$

此计算方法除了适用于计算恒定荷载条件下的双层土固结度，也适用于计算线性加载的情况。α 值计算需要在施工时间因数与时间因数中添加一个延迟因子 $\delta=2$，如下：

$$T_{\alpha c} = \frac{c_{v1} c_{v2} t_c}{\left(\delta H_1 \sqrt{c_{v2}} + \delta H_2 \sqrt{c_{v1}}\right)^2} \tag{5-5}$$

$$T_\alpha = \frac{c_{v1} c_{v2} t}{\left(\delta H_1 \sqrt{c_{v2}} + \delta H_2 \sqrt{c_{v1}}\right)^2} \tag{5-6}$$

US department of the Navy 提出了一种通过将某一土层简化为另一土层，再将双层土视为单层土计算固结度的方法：

$$\left.\begin{aligned} H'_2 &= H_2 (c_{v1}/c_{v2})^{1/2} \\ T_v &= \frac{c_{v1} t}{(H_1 + H'_2)^2} \end{aligned}\right\} \tag{5-7}$$

式中　H_2——土层二的厚度，mm；

H'_2——将土层二视为土层一时的等效厚度，mm；

c_{v1}，c_{v2}——土层一和土层二的固结系数；

T_v——双土层的时间因数。

5.1.2　双土层固结沉降计算的过程优化

计算包含蠕变的固结沉降，应首先确定土体的初始与最终有效应力状态。需要注意的是，初始与最终有效应力状态在土层的不同高度是不相同的。为了较为精确地确定土体的初始与最终有效应力状态,可以将每个土层分为每一层不超过 0.5 m 的多个子土层,分别确定每一子土层的初始与最终有效应力状态。需要注意的是,这里是将叠加在一起的两种不同的土层分别划分为多个子层土,由一种土层划分后的多个子土层仍是同一种土层。每一个子土层的初始有效应力($\sigma'_{z0,j}$)、先期固结压力($\sigma'_{zp,i}$)和最终有效应力($\sigma'_{zf,j}$)可通过下式计算:

$$\left.\begin{aligned} \sigma'_{z0,j} &= (\gamma_{soil} - \gamma_w) z_j \\ \sigma'_{zp,j} &= POP + \sigma'_{z0,j} \\ \sigma'_{zf,j} &= \sigma'_{z0,j} + \Delta\sigma'_z \end{aligned}\right\} \tag{5-8}$$

式中　z_j——第 j 个子土层中间点的垂直坐标;

$\Delta\sigma'_z$——承重荷载;

γ_{soil},γ_w——土体的重度与水的重度,本项目 γ_w 取值为 9.81 kN/m^3;

POP——土体所受到的最大历史应力,kPa。

求出每一个子土层的 $s_{ep,j}$,并将每一层土的所有子土层的主固结最终沉降求和,得到各土层的主固结总沉降。体积压缩系数 m_v 与固结系数 c_v 可通过以下公式求得:

$$\left.\begin{aligned} s_{ep} &= \sum_{j=1}^{n} s_{ep,i} \\ m_v &= \frac{1}{H}\frac{s_{ep}}{\Delta\sigma'_z} \\ c_v &= \frac{k_v}{m_v \gamma_w} \end{aligned}\right\} \tag{5-9}$$

5.1.3　新算法与 US Navy 算法对比

新算法是一种过程较为复杂的计算方法,尤其是其中涉及复杂三角方程的求解,用常规的方法往往难以得出准确的结果,这对工程中的实际运用是较为不便的。于是 Zhu 和 Yin(2005)给出了此方法在不同的 p、q 状态下的结果图表,以便于工程人员进行查阅。相对而言,US Navy 方法是一种非常便于计算的方法。但两种方法的准确性仍是一个重要问题。

Yin 和 Feng (2016)将新算法与 US Navy 方法求得的固结度分别用于新简化算法当中,并将两种方法的计算结果与有限元模拟的结果进行了比较。

Yin 和 Feng (2016)采用了 4 m 厚与 8 m 厚的两种计算模型,每个计算模型又分为两个土层的渗透系数相近与渗透系数相差数十倍以上两种情况,每一种情况分别对 OCR=1、OCR=1.5 和 OCR=2 三种条件进行计算。四种情况的比较结果表明:在两个土层的渗透系数相近的情况下,新算法与 US Navy 方法得出的结果和有限元模拟的结果均有很高的契合度,相对误差小于 10%;在两个土层的渗透系数相差数十倍以上的情况下,新算法得出的结果与有限元模拟的结果仍然有很高的契合度,相对误差为 7%～11.7%,而用 US Navy 方法得出的结果与有限元模拟的结果相差甚远,相对误差为 0.1%～36.1%。

在实际工程运用中,新算法与 US Navy 方法都具有一定的实用性。前者的计算结果可以查阅 Zhu 和 Yin(2005)给出的图表,后者可以直接进行简单的计算。在预估工程地基沉降时,两种方法的结果都有较高的准确性。在预估短期内地基的沉降时,如果上下土层的渗透系数相差不大，两种方法的结果都适用；如果上下土层的渗透系数相差数十倍或数十倍以上，应采用新算法，这种条件下采用 US Navy 方法会产生巨大误差。

5.2　多种条件下的固结沉降计算程序

固结沉降计算程序的使用在土木工程领域已经变得越来越广泛，但固结沉降计算程序的开发往往针对特定的一种或多种固结模型。前文分别介绍了单层土固结模型、双层土固结模型、循环荷载固结模型下的计算方法，为地基沉降计算提供了依据，但计算过程复杂，是一件较为麻烦的工作。为提高计算方法的实用性，可利用 MATLAB 计算程序，便于新简化算法在实际工程中的使用。

5.2.1　固结沉降计算界面

程序打开后的初始界面即是用于计算单层饱和软黏土的程序界面，见图 5.2。为了在计算沉降的同时比较多种计算方法的优劣性，单层土的计算采用了四种计算方法，分别是不考虑主固结蠕变的算法、考虑主固结蠕变且 $\alpha=1$ 的算法（Yin，2011）、考虑主固结蠕变且 $\alpha=0.8$ 的算法（Yin 和 Feng，2016）、考虑主固结蠕变且 α 随时间变化的算法（Yin 和 Feng，2016）。输入土体的各项参数后，点击“计算”即可以得到四种不同算法的结果。点击“导出数据”可以生成包含沉降-时间关系图数据的 Excel 文件，用于对计算结果进行二次分析。

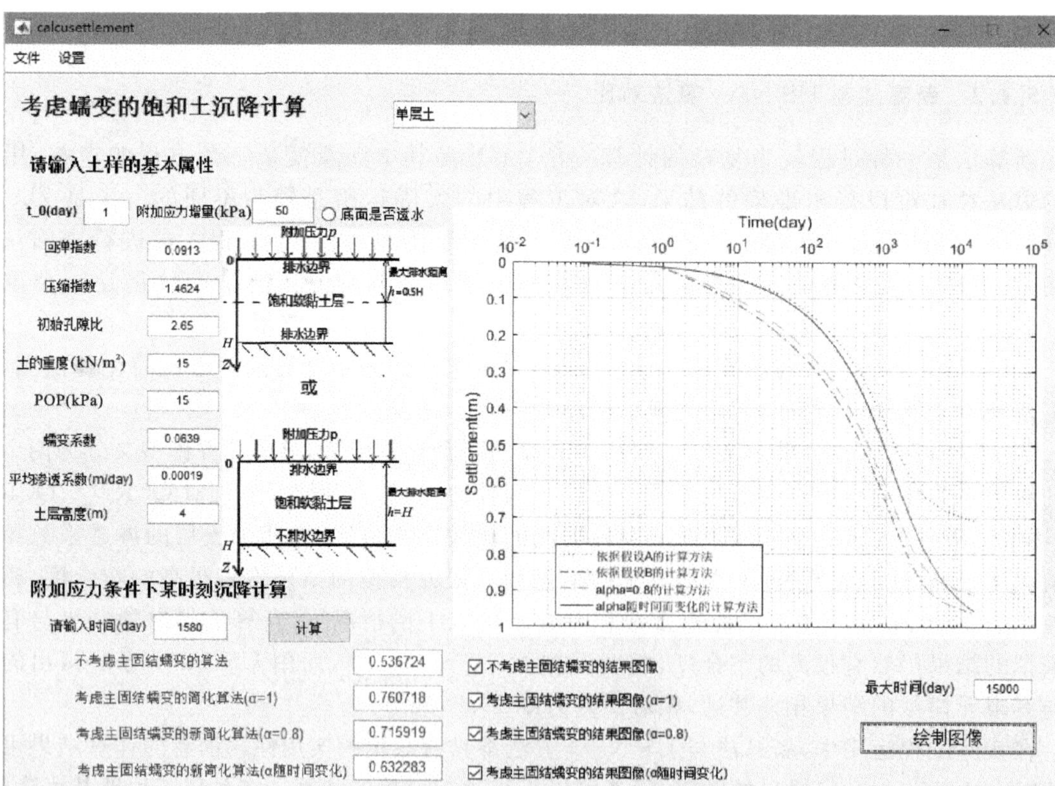

图 5.2　单层土沉降计算界面

5.2.2　循环荷载固结沉降计算界面

点击弹出式菜单中的“循环荷载”选项，即可以进入循环荷载沉降计算界面，见图5.3。附加应力类型单选框可以调整应力类型为“正弦循环”与“三角循环”两种类型；压力峰值指循环压力的最大值；循环次数指循环荷载稳定在最大荷载时已经历的完整循环次数；振幅指循环压力最大值与中间值的差。输入各项指标后，同样的，依次点击“绘制图像”“保存图像”“导出数据”，可以绘制并保存沉降-时间图，导出沉降-时间关系图的数据。

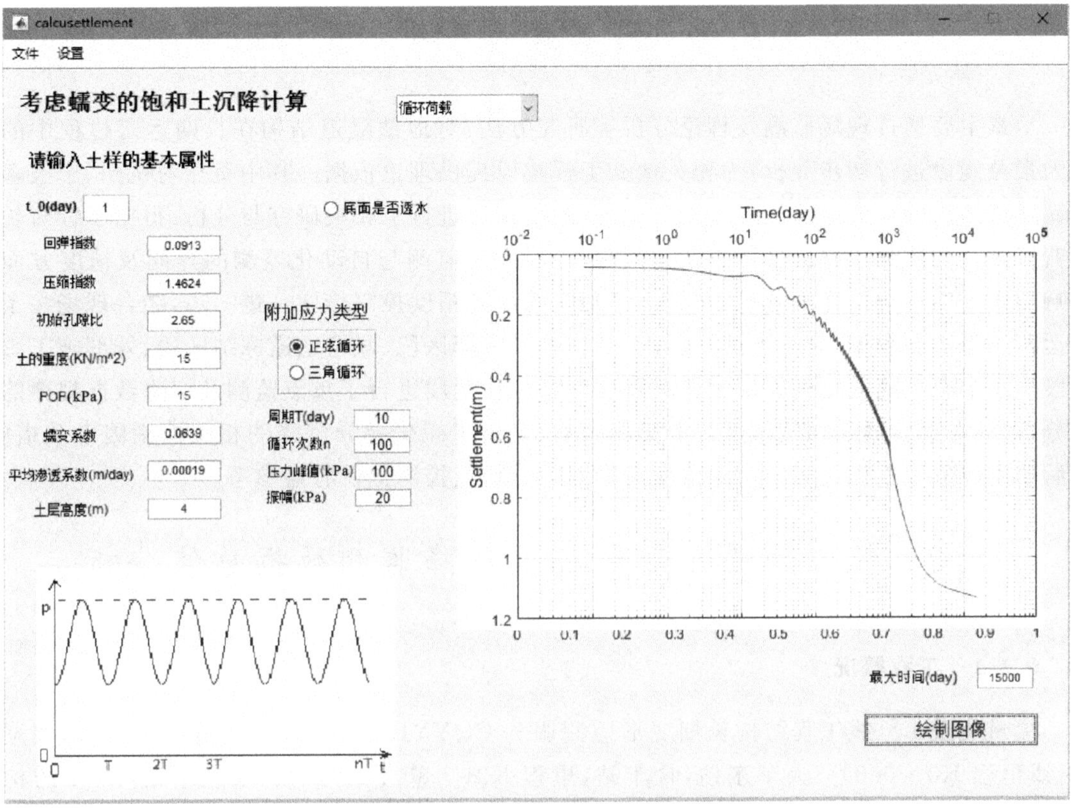

图5.3　循环荷载沉降计算界面

6 地铁隧道长期运营沉降监测与分析

6.1 概　　述

本章主要通过现场监测及理论分析等研究方法，对地铁隧道结构在长期运营过程中的沉降因素及规律进行初步分析，为相关地铁工程建设提供理论依据。其中重点对杭州、宁波多条地铁隧道结构的长期运营沉降监测方法、监测数据等进行了相关研究与分析，得出了针对长期运营沉降进行监测实施的具体方案。同时，针对人工监测与自动化监测的异同及精度方面的影响因素等均进行了详细分析，并提出了相应的提高精度控制措施。进一步，结合现场多条地铁运营隧道实测数据，对重点沉降区段、结构差异沉降区段、联络通道冻结区段、外部施工影响区段等多个典型隧道结构长期运营沉降变化特征性区段进行了重点监测及沉降数据规律的总结分析，针对运营隧道结构沉降主要影响因素，提出了减少差异沉降的相关控制因素及措施，为后期类似隧道工程施工期及运营期变形因素分析及控制提供有益参考。

6.2 杭州地铁1号线长期沉降监测数据总体分析

6.2.1 工程概况

杭州地铁1号线工程结构长期变形监测服务CQYYJC1-1标段工作范围为：萧山湘湖站（右线里程K0＋000）—火车东站（含车站，里程K21＋803.316），共16座车站，15个盾构区间，16个联络通道，一个停车场出入线段（双线），正线起止里程为K0＋000—K21＋803.316，正线长度约21.8 km。

杭州地铁1号线工程线路示意图如图6.1所示。

6.2.2 监测周期概况

针对杭州地铁1号线长期沉降，本次科研承担的变形监测工作范围为：萧山湘湖站—火车东站，共16座车站，15个盾构区间及湘湖停车场出入段，正线里程约21.8 km。监测期：2012年6月—2015年9月。初始值采集及各阶段监测时间见表6.1。

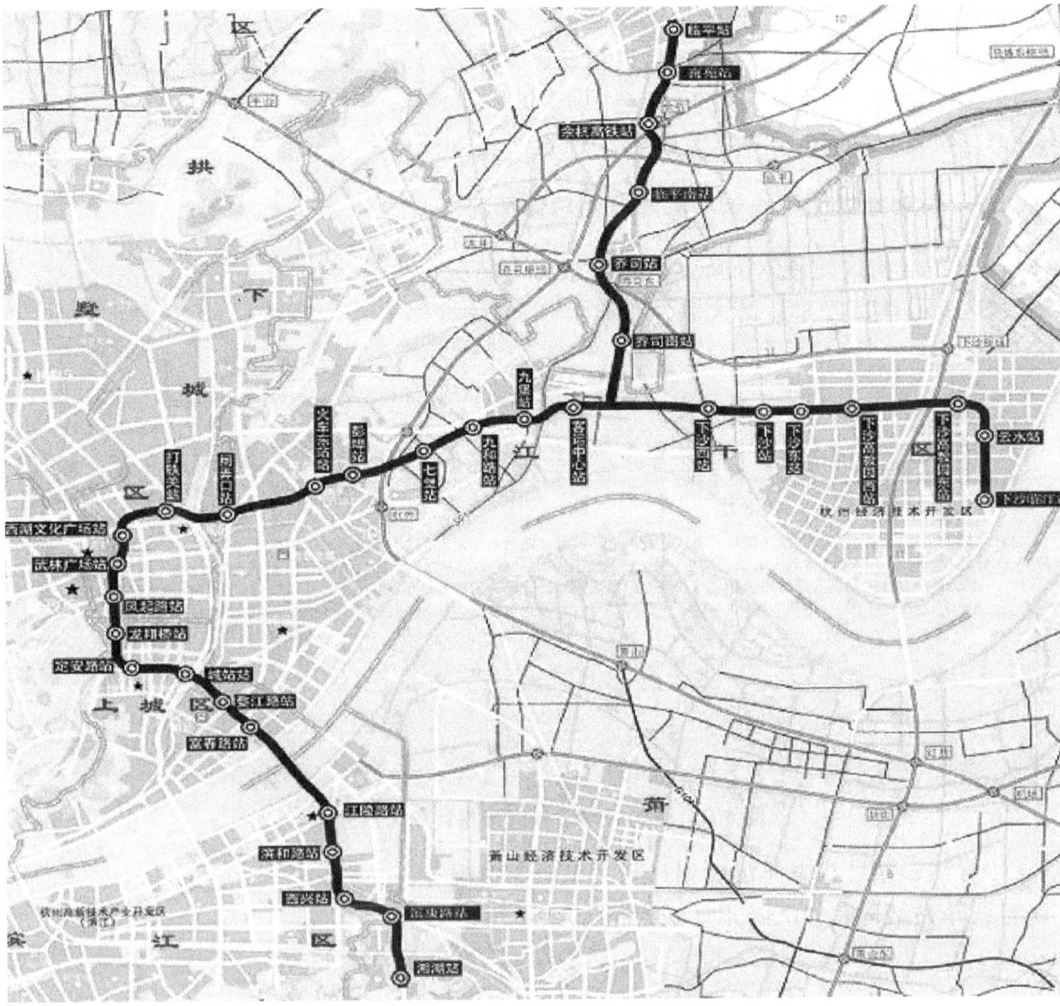

图 6.1 杭州地铁 1 号线工程线路示意图

表 6.1 初始值采集及各阶段监测时间表

观测阶段	观测频率		次数	计划时间	实际测试日期情况	报告编号	说明
试运营前	取初始值		1 次	①2012.6	2012 年 6 月—8 月	CQYYJC1-1-000	
运营第 1 年	第 1～6 月	1 次/3 月	3 次	②2012.9	2012.8.24—2012.9.25	CQYYJC1-1-001	间隔约 3 月
				③2012.12	2012.11.7—2012.12.16	CQYYJC1-1-002	间隔约 3 月
	第 7～12 月	1 次/6 月		④2013.6	2013.1.15—2013.3.25	CQYYJC1-1-003	
运营第 2、3 年	—	1 次/6 月	4 次	⑤2013.12	2013.7.25—2013.8.29	CQYYJC1-1-004	
				⑥2014.6	2014.5.4—2014.7.1	CQYYJC1-1-005	
				⑦2014.12	2014.12.25—2015.3.9	CQYYJC1-1-006	
				⑧2015.6	2015.6.30—2015.9.20	CQYYJC1-1-007	
合计	—	—	8 次				

一等水准控制网复测工作一年1次。

①第一次复测，2013年5月13号进场开始工作，2013年6月30号结束外业工作。

②第二次复测，2015年1月19日至2015年2月8日。

③第三次复测，2015年7月1日至2015年8月30日。

6.2.3　杭州地铁1号线长期沉降监测总体情况

(1)1号线盾构区间总体沉降累计最大值分布情况

盾构区间总体沉降累计最大值分布如图6.2所示。

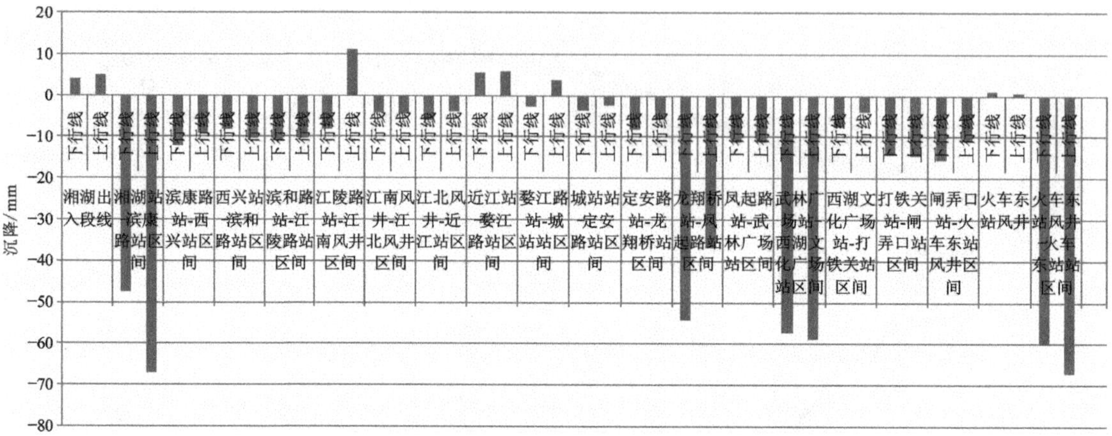

图6.2　盾构区间总体沉降累计最大值分布

(2)1号线车站结构总体沉降累计最大值分布情况

1号线车站结构总体沉降累计最大值分布如图6.3所示。

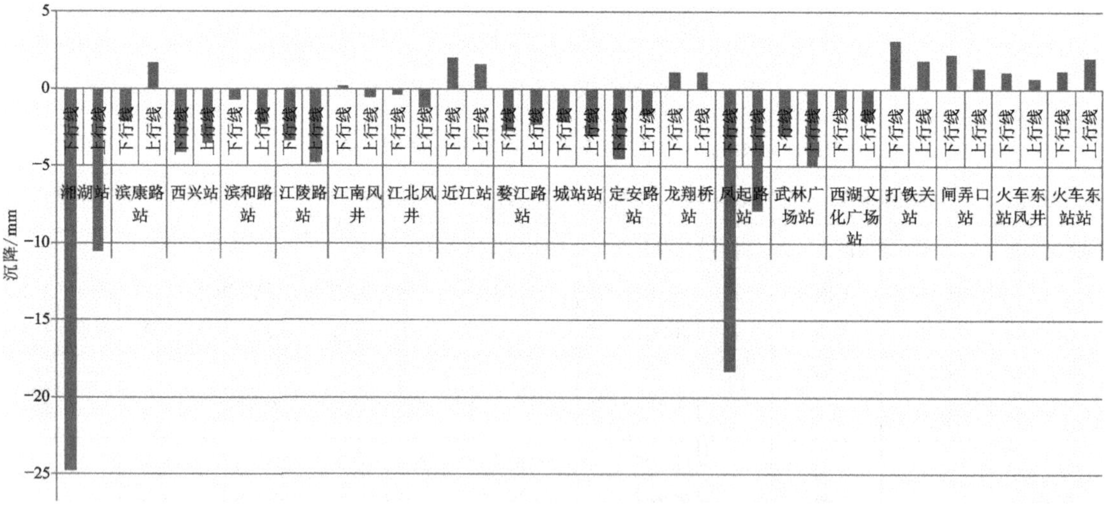

图6.3　1号线车站结构总体沉降累计最大值分布

(3)沉降报警区域数据统计表

单次沉降变形量达到报警值区域统计表见表6.2。

表 6.2 单次沉降变形量达到报警值区域统计表

序号	工点	区域	本次最大变形量/mm	速率/(mm/d)	累计值/mm	测点点号	对应里程	报警区域	累计最大值/mm
1	湘湖—滨康路	下行线	−8.2	−0.05	−45.3	CJ-L36	K00+720.521	K00+612.3～K00+750.6	−46.1
		上行线	−12.1	−0.07	−66.8	CJ-R42	K00+710.997	K00+469.27～K00+752.99	−66.8
2	龙翔桥—风起路	下行线	−5.1	−0.04	−50.7	CJ-L68	K14+032.25	K14+14.24～K14+032.25	−54.0
3	武林广场—西湖文化广场	下行线	−9.6	−0.05	−51.4	CJ-L22	K15+753.1	K15+674.96～K15+795.3	−57.0
		上行线	−10.0	−0.06	−58.7	CJ-R26	K15+771.640	K15+662.3～K15+800.7	−58.7
4	闸弄口—火车东站	下行线	−3.7	−0.02	−67.0	CJ-R72	K20+929.750	K20+923.6～K20+948.9	−67.0 (−74.0)
		上行线	−9.7	−0.05	−51.1	CJ-L72	K20+937.00	K20+913.6～K20+948.9	−59.8 (−61.5)

隧道与联络通道处差异沉降累计量较大处汇总表见表 6.3。

表 6.3 隧道与联络通道处差异沉降累计量较大处汇总表

测点位置	监测点号	2012-6-30 初始高程/m	2015-1-6 上次高程/m	2015-8-6 本次高程/m	累计沉降量/mm	上次差异沉降值/mm	本次差异沉降值/mm
西兴—滨和路联络通道上行 K04+087.0	XXBH-CJ-1R	−13.6841	−13.6913	−13.6888	−4.7		
	XXBH-CJ-R115	−14.9322	−14.9333	−14.9314	0.9	6.1	5.5
滨和路—江陵联络通道上行 K05+191.0	BHJL-CJ-1R	−11.8348	−11.8550	−11.8541	−19.3		
	BHJL-CJ-R65	−12.5748	−12.5862	−12.5851	−10.3	8.8	9.0
滨和路—江陵路联络通道下行 K05+190.7	BHBJ-CJ-1L	−11.9285	−11.9485	−11.94867	−20.2		
	BHBJ-CJ-L64	−12.8486	−12.85855	−12.85945	−10.9	10.0	9.3
打铁关—闸弄口联络通道上行 K18+679.0	DTGNK-CJ-1R	−16.0234	−16.0305	−16.0304	−7.0		
	DTGNK-CJ-R118	−16.6709	−16.6840	−16.6839	−13.1	−6.0	−6.1
火车东站风井—火车东站联络通道上行 K20+953.0	NKDZ-CJ-2R	−14.9134	−14.9396	−14.9404	−27.0		
	NKDZ-CJ-R76	−15.4127	−15.44144	−15.44662	−33.9	−2.5	−6.9

(4)综合分析

依据变形监测控制指标，基于我方整理的多期针对杭州地铁1号线结构沉降监测数据分析，目前1号线隧道结构累计变形量达到报警值的有4个区间及1个车站，分别是：湘湖站—滨康路站区间、龙翔桥站—凤起路站区间、武林广场站—西湖文化广场站区间、闸弄口站—火车东站站区间及湘湖站。其余区间及车站均呈现少量沉降或隆起的情况，其中区间以沉降为主，车站沉降及隆起情况较均衡，有部分区段呈普遍性隆起态势，但其数值均不大。

6.2.4 各沉降数据报警区段情况分析

6.2.4.1 湘湖站—滨康路站区间

(1)沉降变形数据特征值

湘湖站—滨康路站区间道床沉降监测特征值见表6.4。

表6.4 湘湖站—滨康路站区间道床沉降监测特征值汇总表

序号	点号	①XHBK-CJ-R10		①HBK-CJ-R42		①XHBK-CJ-L26		备注
	所属位置	K0+511.46(上行线)		K0+704.85(上行线)		K0+660.40(下行线)		
	监测日期	累计量/mm	变形速率/(mm/d)	累计量/mm	变形速率/(mm/d)	累计量/mm	变形速率/(mm/d)	
1	2012/8/11	−1.7	−0.04	−0.9	−0.02	−0.94	−0.02	第一期
2	2012/11/7	−8.2	−0.07	−5.9	−0.06	−7.86	−0.08	第二期
3	2013/3/24	−15.5	−0.05	−11.8	−0.04	−12.75	−0.01	第三期
4	2013/8/6	−21.2	−0.04	−15.7	−0.03	−17.58	−0.04	第四期
5	2014/5/12	−32.7	−0.04	−32.4	−0.06	−30.66	−0.05	第五期
6	2015/3/3	−40.9	−0.03	−55.0	−0.09	−40.86	−0.04	第六期
7	2015/7/9	−43.7	−0.02	−66.8	−0.07	−47.3	−0.04	第七期

湘湖站—滨康路站区间典型沉降点累计沉降量-时程曲线如图6.4所示。

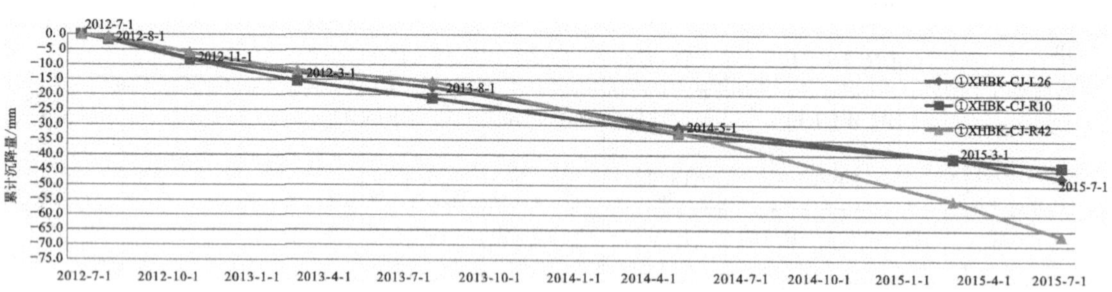

图6.4 湘湖站—滨康路站区间典型沉降点累计沉降量-时程曲线图

湘湖站—滨康路站区间上行线隧道累计沉降量沿里程分布曲线图如图6.5所示。

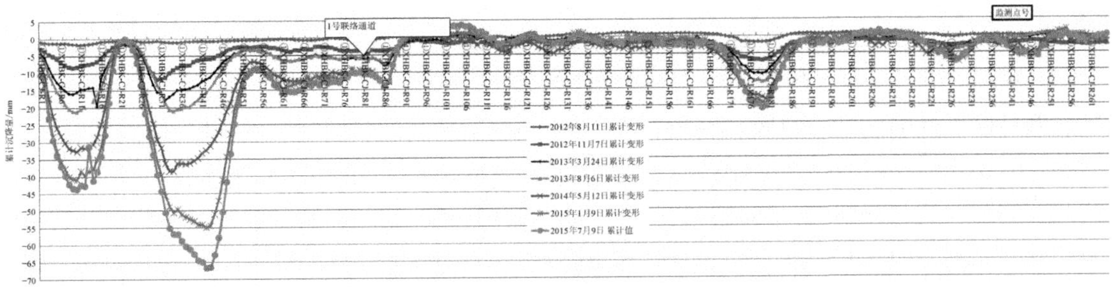

图 6.5 湘湖站—滨康路站区间上行线隧道累计沉降量沿里程分布曲线图

湘湖站—滨康路站区间下行线隧道累计沉降量沿里程分布曲线图如图 6.6 所示。

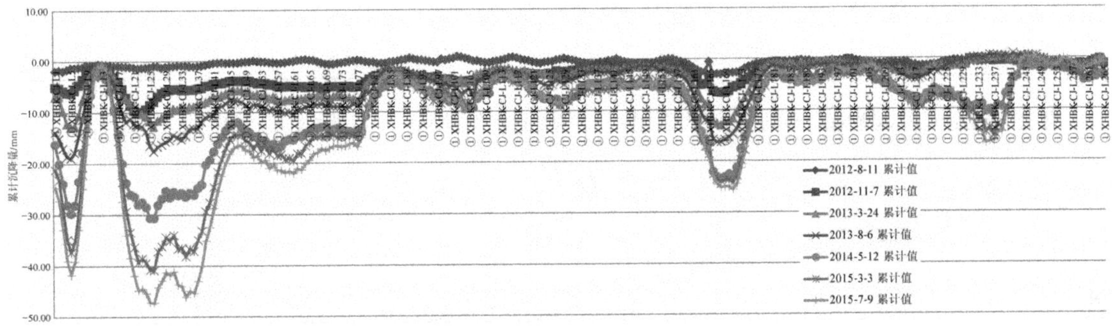

图 6.6 湘湖站—滨康路站区间下行线隧道累计沉降量沿里程分布曲线图

(2)原因分析

①基于地质情况分析,该处所处土层为粉质黏土层,地层较为软弱,受扰动后固结时间较长。

②基于前期施工情况分析,湘湖站—滨康路站区间靠近湘湖站区段盾构掘进时有较大抬升,会对隧道后期沉降产生一定影响。

③基于外侧巡检情况分析,对应两个沉降槽位置,曾经打过两根试桩,桩体施工时对土体的扰动导致了隧道下沉。

④沉降较大区段上方有高于路面约 2 m 的覆土,也可能因为隧道上方荷载过重而导致持续下沉。

6.2.4.2 龙翔桥站—凤起路站区间

(1)沉降变形数据

龙翔桥站—凤起路站区间道床沉降监测特征值见表 6.5。

表 6.5 龙翔桥站—凤起路站区间道床沉降监测特征值汇总表

序号	点号	①LXFQ-CJ-L71		①LXFQ-CJ-L74		①LXFQ-CJ-R71		备注
	所属位置	K14＋050.145(下行线)		K14＋068.708(下行线)		K14＋044.177(上行线)		
	监测日期	累计量/mm	变形速率/(mm/d)	累计量/mm	变形速率/(mm/d)	累计量/mm	变形速率/(mm/d)	
1	2012/9/5	－0.7	－0.02	－0.7	－0.02	0.6	0.02	第一期
2	2012/11/25	－6.3	－0.07	－5.5	－0.06	－2.0	－0.03	第二期

续表 6.5

序号	点号	①LXFQ-CJ-L71		①LXFQ-CJ-L74		①LXFQ-CJ-R71		备注
	所属位置	K14＋050.145(下行线)		K14＋068.708(下行线)		K14＋044.177(上行线)		
	监测日期	累计量/mm	变形速率/(mm/d)	累计量/mm	变形速率/(mm/d)	累计量/mm	变形速率/(mm/d)	
3	2013/1/26	−7.6	−0.02	−7.4	−0.03	−5.1	−0.05	第三期
4	2013/8/23	−15.8	−0.04	−13.8	−0.03	−13.9	−0.04	第四期
5	2014/5/8	−34.7	−0.07	−27.2	−0.05	−23.5	−0.04	第五期
6	2015/3/3	−51.0	−0.05	−40.8	−0.05	−33.2	−0.04	第六期
7	2015/7/3	−54.0	−0.03	−42.2	−0.01	−35.7	−0.01	第七期

龙翔桥站—凤起路站区间累计沉降量-时程曲线图如图 6.7 所示。

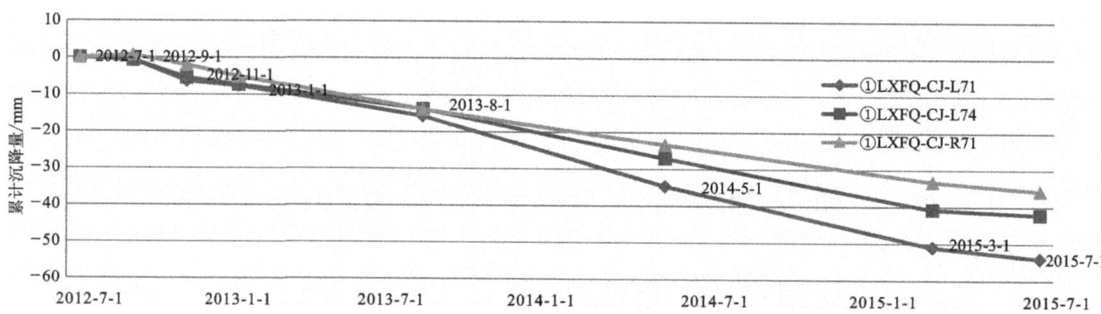

图 6.7　龙翔桥站—凤起路站区间累计沉降量-时程曲线图

龙翔桥站—凤起路站上行线隧道累计沉降量曲线如图 6.8 所示。

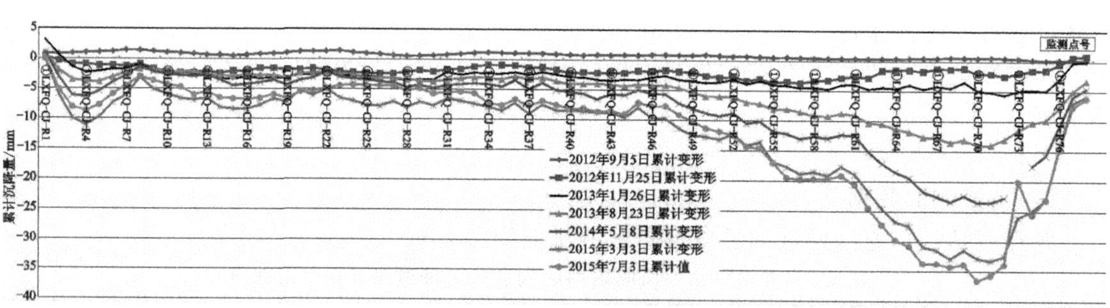

图 6.8　龙翔桥站—凤起路站上行线隧道累计沉降量曲线图

龙翔桥站—凤起路站下行线隧道累计沉降量曲线如图 6.9 所示。

(2)变形原因分析

①基于地质情况分析，该处所处土层为粉质黏土层，地层较为软弱，受扰动后固结时间较长。

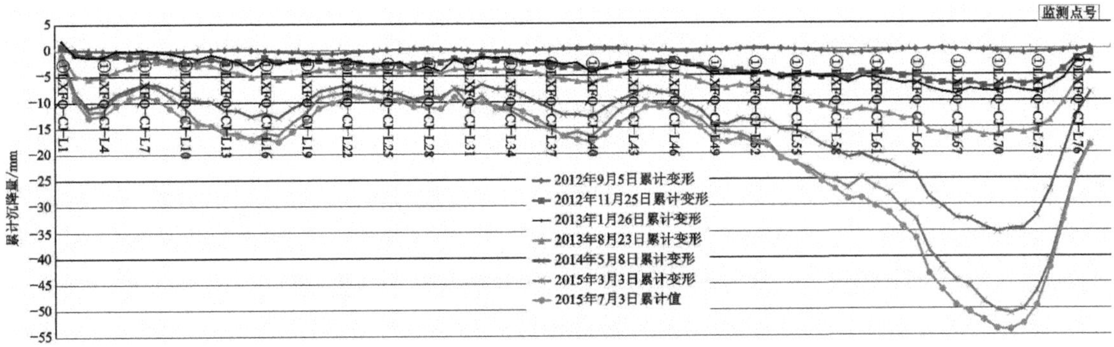

图 6.9　龙翔桥站—凤起路站下行线隧道累计沉降量曲线图

②基于前期施工情况分析，凤起路车站施工时曾发生过土体纵向滑移事故，可能会对车站及与车站相邻的隧道产生不利影响。

③基于巡检情况分析，隧道沉降段及凤起路车站西侧曾有嘉里中心基坑项目在施工（工期从 2013 年 4 月开始至 2015 年 1 月完工），该基坑与隧道外侧最近间距约 29 m，基坑开挖深度约 16 m。该基坑项目的施工也可能会对隧道的沉降产生影响。

6.2.4.3　武林广场站—西湖文化广场站区间

(1)沉降变形数据

武林广场站—西湖文化广场站区间道床沉降监测特征值见表 6.6。

表 6.6　武林广场站—西湖文化广场站区间道床沉降监测特征值汇总表

序号	点号	①WLWG-CJ-L11		①WLWG-CJ-L26		①WLWG-CJ-R27		备注
	所属位置	K15+686.951(下行线)		K15+777.165(下行线)		K15+777.659(上行线)		
	监测日期	累计量/mm	变形速率/(mm/d)	累计量/mm	变形速率/(mm/d)	累计量/mm)	变形速率/(mm/d)	
1	2012/9/7	−0.4	−0.01	−0.3	−0.01	−0.9	−0.02	第一期
2	2012/11/18	−2.1	−0.02	−1.6	−0.02	−3.1	−0.03	第二期
3	2013/3/22	−11.5	−0.08	−6.9	−0.04	−5.8	−0.02	第三期
4	2013/8/13	−24.0	−0.09	−13.2	−0.04	−10.1	−0.03	第四期
5	2014/4/10	−36.3	−0.05	−40.4	−0.11	−30.7	−0.09	第五期
6	2014/12/29	−42.3	−0.01	−47.5	−0.01	−50.3	−0.07	第六期
7	2015/7/7	−50.4	−0.04	−57.0	−0.05	−58.4	−0.05	第七期

武林广场站—西湖文化广场站区间累计沉降量-时程曲线如图 6.10 所示。

武林广场站—西湖文化广场站上行线隧道累计沉降量曲线如图 6.11 所示。

武林广场站—西湖文化广场站下行线隧道累计沉降量曲线如图 6.12 所示。

(2)变形原因分析

①武林广场站—西湖文化广场站区间上、下行线沉降较大位置位于盾构刚出加固区部位，有可能该区域施工时对土体扰动较大，致使土层较长时间内难以达到稳定状态。

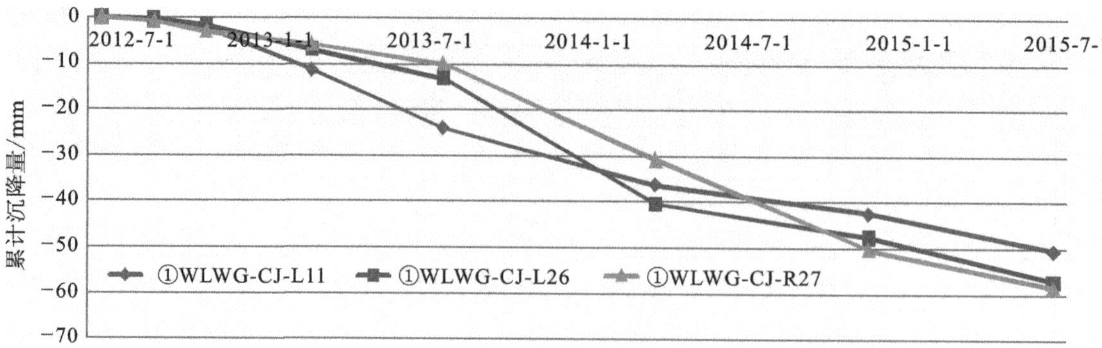

图 6.10　武林广场站—西湖文化广场站区间累计沉降量-时程曲线图

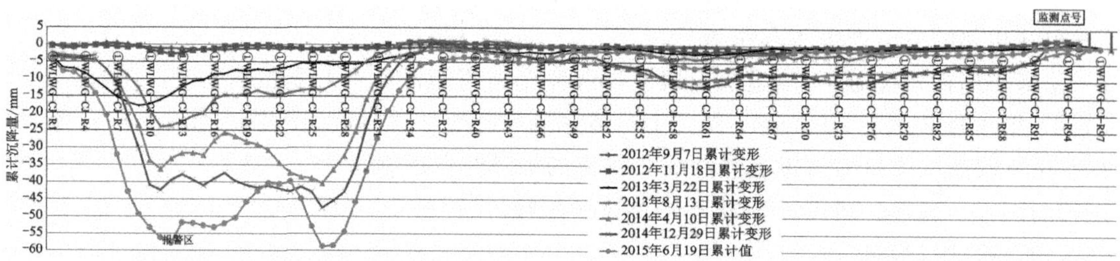

图 6.11　武林广场站—西湖文化广场站上行线隧道累计沉降量-曲线图

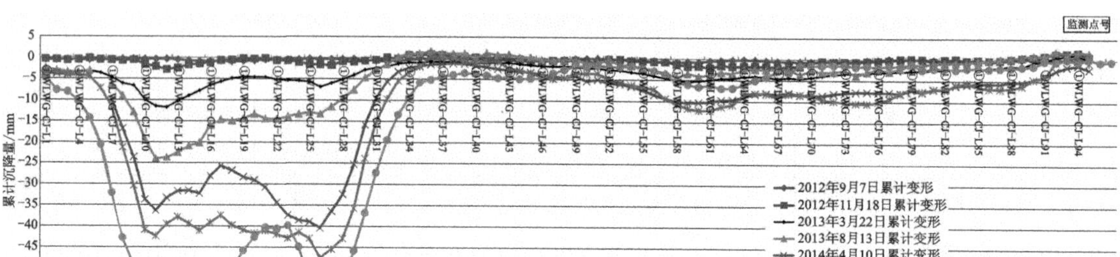

图 6.12　武林广场站—西湖文化广场站下行线隧道累计沉降量-曲线图

②从地质条件分析，武林广场站—西湖文化广场站区间盾构所在部位均有较厚淤泥质黏土层，土质较差，对盾构沉降影响较大。

③该区间上、下行线是相互叠加的关系，上行线位于上方，疑受叠加效应影响。

④收敛变形较大处位于环城西路下方，该处受地面行驶车辆的动荷载影响较大，同时隧道底部所处土层稳定性较差，导致沉降和收敛变形的发生。

6.2.4.4　火车东站风井—火车东站站区间

(1)沉降变形数据

火车东站风井—火车东站站区间道床沉降监测特征值见表 6-7。

表 6.7 火车东站风井—火车东站站区间道床沉降监测特征值汇总表

序号	点号	①FJDZ-CJ-L70		②FJDZ-CJ-L72		①FJDZ-CJ-R72		备注
	所属位置	K20＋925.5(下行线)		K20＋937.0(下行线)		K20＋929.7(上行线)		
	监测日期	累计量/mm	变形速率/(mm/d)	累计量/mm	变形速率/(mm/d)	累计量/mm	变形速率/(mm/d)	
1	2012/10/02	0.0	0.00	0.0	0.00	−0.5	−0.01	第一期
2	2012/11/10	−0.6	−0.01	−0.3	0.01	−3.3	−0.08	第二期
3	2013/03/09	−9.4	−0.08	−6.9	−0.06	−23.6	−0.17	第三期
4	2013/08/16	−22.1	−0.08	−18.3	−0.07	−32.1	−0.05	第四期
5	2014/05/08	−40.4	−0.07	−32.6	−0.05	−49.4	−0.06	第五期
6	2014/12/25	−51.1	−0.05	−41.5	−0.04	−63.3	−0.06	第六期
7	2015/06/30	−59.8	−0.05	−51.1	−0.05	−67.0	−0.02	第七期

火车东站风井—火车东站站区间累计沉降量-时程曲线如图 6.13 所示。

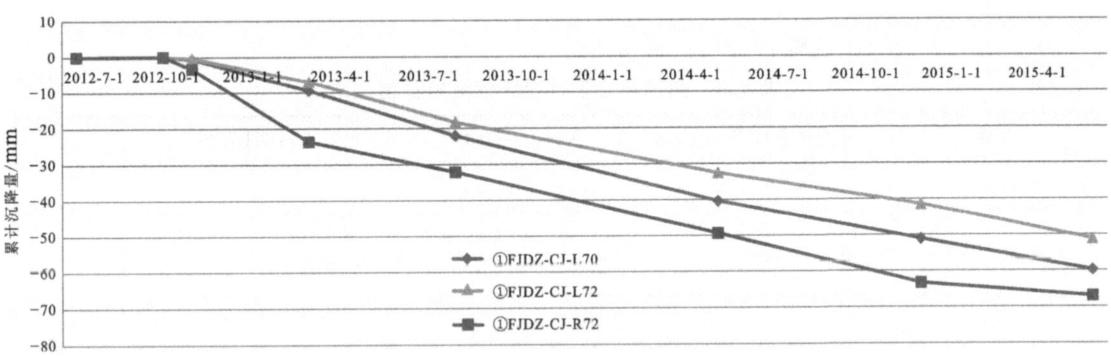

图 6.13 火车东站风井—火车东站站区间累计沉降量-时程曲线图

火车东站风井—火车东站站区间上行线隧道累计沉降量曲线如图 6.14 所示。

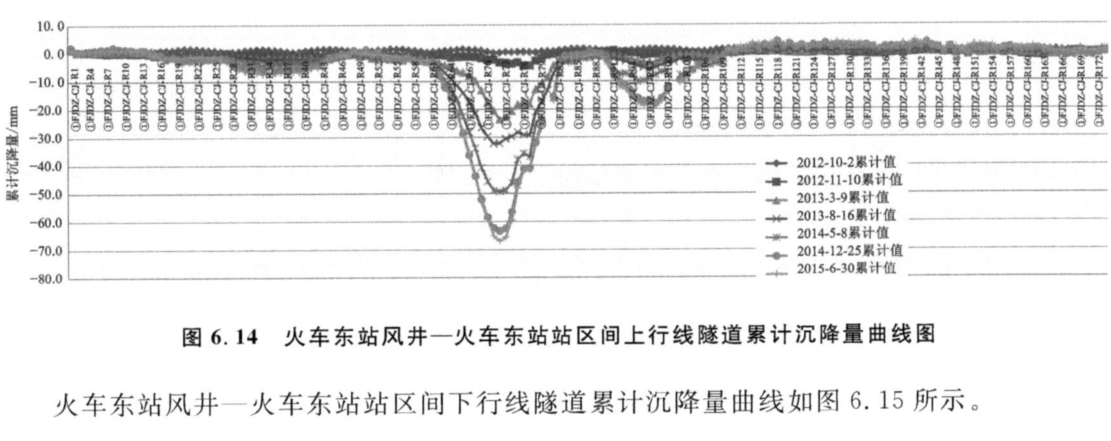

图 6.14 火车东站风井—火车东站站区间上行线隧道累计沉降量曲线图

火车东站风井—火车东站站区间下行线隧道累计沉降量曲线如图 6.15 所示。

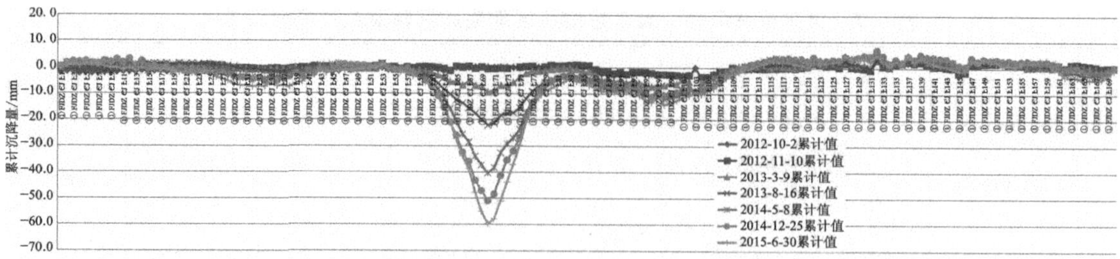

图 6.15　火车东站风井—火车东站站区间下行线隧道累计沉降量曲线图

(2)变形原因分析

①基于地质情况分析，2 号联络通道处的隧道所处土层为淤泥质粉质黏土层，地质条件较差，联络通道区域采用冰冻法施工，后期沉降变形较大。

②隧道上方堆土、周边基坑施工、地铁运营动荷载等对该区域软土产生综合影响，进一步加大了区域沉降。

③该区间隧道管片渗、漏水较为严重，也是沉降发生的影响因素之一。

6.2.4.5　*湘湖站*

(1)沉降变形数据

湘湖站上下行道床沉降特征值见表 6.8。

表 6.8　湘湖站上下行道床沉降特征值汇总

序号	点号	XH-CJ-L17		XH-CJ-L18		XH-CJ-R17		备注
	所属位置	K20＋459.305		K00＋508.817		K00＋454.905		
	监测日期	累计量/mm	变形速率/(mm/d)	累计量/mm	变形速率/(mm/d)	累计量/mm	变形速率/(mm/d)	
1	2012/7/4	－0.1	0.00	－1.3	－0.01	－1.1	－10.46	第一期
2	2012/9/30	－3.6	－0.07	－6.3	－0.11	－3.5	－0.01	第二期
3	2012/11/16	－4.2	－0.01	－7.5	－0.01	－4.9	－0.05	第三期
4	2013/3/20	－6.4	－0.02	－14.7	－0.05	－5.0	－0.02	第四期
5	2013/8/6	－9.2	－0.01	－16.8	－0.01	－6.9	0.00	第五期
6	2014/6/5	－9.8	0.00	－21.7	－0.02	－10.3	－0.01	第六期
7	2015/1/17	－9.7	0.00	－24.7	－0.01	－10.5	－0.01	第七期

湘湖站上下行道床沉降沿里程分布情况如图 6.16 所示。

(2)变形原因分析

①从现场巡视来看，湘湖站北端未见可能导致车站结构沉降的工程活动。

②湘湖站下行线从小里程往大里程方向，L1～L16 测点基本无变形，从 L17＃测点(K00＋459.305)开始，沉降明显增加，到 L18＃测点(K00＋508.817)，沉降达到最大值，两测点间距近 50 m。湘湖站上行线从小里程往大里程方向，R1～R16 测点基本无变形，从 R17＃测点(K00＋454.905)开始，沉降明显增加。这说明，湘湖站上、下行线 K00＋459.305 之前基本无变形，K00＋459.305 之后，上、下行线同时发生变形。

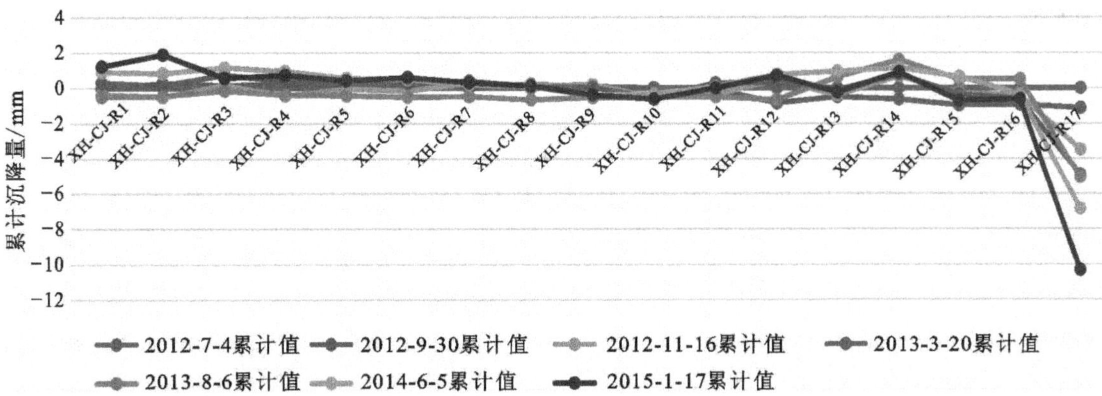

图 6.16　湘湖站上、下行道床沉降沿里程分布情况图

a. 基于地质情况分析，湘湖站基底深近 16 m，北端基底以下近 30 m 均是流塑状淤泥质黏土层。湘湖站北端 K00＋348.484 以北发生过围护事故，坑底土体发生过较大扰动，土体性状完全恢复需要较长时间，其影响延至当前。

b. 从结构分析，上行线 R17＃测点（K00＋454.905）接近车站终点，下行线 L17＃测点（K00＋459.305）到 L18＃测点（K00＋508.817）近 50 m 范围是单独外伸，与车站主体相比，截面减小（可能存在变形缝），结构刚度减小，导致该区域变形明显。

6.2.5　各结构段差异沉降值汇总分析

6.2.5.1　隧道与车站结构的差异沉降数据汇总

（1）差异沉降数据特征值

杭州地铁 1 号线明挖结构与隧道处/隧道与车站结构处差异沉降监测（上行线）见表 6.9。

表 6.9　杭州地铁 1 号线明挖结构与隧道处/隧道与车站结构处差异沉降监测（上行线）

监测点号	2012 年 6 月 30 日 初始高程 /m	2015 年 1 月 4 日 上次高程 /m	2015 年 7 月 4 日 本次高程 /m	累计沉降量 /mm	上次差异沉降值 /mm	本次差异沉降值 /mm	备注（所属位置）
XHCR-CJ-R209	−7.4496	−7.4501	−7.4489	0.7			湘湖出入段上行
XH-CJ-R1	−7.5765	−7.5753	−7.5755	1.0	1.7	0.4	湘湖车站上行
XH-CJ-R17	−7.7073	−7.7176	−7.7178	−10.5			湘湖车站上行
XHBK-CJ-R1	−7.7082	−7.7180	−7.7187	−10.6	0.5	−0.1	湘湖—滨康路区间上行
XHBK-CJ-R276	−7.4347	−7.4336	−7.4359	−1.3			湘湖—滨康路区间上行
BK-CJ-R1	−7.4272	−7.4263	−7.4271	0.2	−0.1	1.4	滨康路车站上行
BK-CJ-R4	−7.7463	−7.7452	−7.7459	0.5			滨康路车站上行
BKXX-CJ-R1	−7.7678	−7.7664	−7.7676	0.2	0.2	−0.2	滨康路—西兴区间上行
BKXX-CJ-R159	−7.2376	−7.2373	−7.2378	−0.2			滨康路—西兴区间上行

续表 6.9

监测点号	2012 年 6 月 30 日	2015 年 1 月 4 日	2015 年 7 月 4 日	累计沉降量 /mm	上次差异沉降值 /mm	本次差异沉降值 /mm	备注 (所属位置)
	初始高程 /m	上次高程 /m	本次高程 /m				
XX-CJ-R1	−7.2131	−7.2144	−7.2138	−0.7	−1.6	−0.5	西兴车站上行
XX-CJ-R6	−7.5445	−7.5479	−7.5481	−3.5			西兴车站上行
XXBH-CJ-R1	−7.5485	−7.5515	−7.5521	−3.6	0.4	−0.1	西兴—滨和路区间上行
XXBH-CJ-R207	−7.7058	−7.7060	−7.7063	−0.5			西兴—滨和路区间上行
BH-CJ-R1	−7.7237	−7.7254	−7.7249	−1.2	−1.5	−0.7	滨和路车站上行
BH-CJ-R5	−8.0465	−8.0473	−8.0489	−2.3			滨和路车站上行
BHBJ-CJ-R1	−8.0670	−8.0677	−8.0690	−2.0	0.0	0.4	滨和路—江陵路区间上行
BHBJ-CJ-R102	−9.9384	−9.9409	−9.9415	−3.1			滨和路—江陵路区间上行
BJ-CJ-R1	−9.9240	−9.9259	−9.9287	−4.7	0.65	−1.6	江陵路车站上行
BJ-CJ-R11	−8.9835	−8.9830	−8.9832	0.3			江陵路车站上行
BJJN-CJ-R1	−8.9801	−8.9796	−8.9799	0.2	0.0	−0.1	江陵路—江南风井区间上行
BJJN-CJ-R145	−18.9170	−18.9159	−18.9169	0.2			江陵路—江南风井区间上行
JN-CJ-R1	−18.9997	−18.9986	−18.9993	0.4	−0.1	0.3	江南风井上行
JN-CJ-R2	−19.1861	−19.1867	−19.1869	−0.8			江南风井上行
JNJB-CJ-R1	−19.2974	−19.2978	−19.2984	−1.0	0.1	−0.2	江南—江北风井区间上行
JNJB-CJ-R265	−15.2066	−15.2072	−15.2077	−1.1			江南—江北风井区间上行
JB-CJ-R1	−15.1668	−15.1689	−15.1674	−0.6	−1.5	0.4	江北风井上行
JB-CJ-R2	−15.2066	−15.2072	−15.1061	−1.1			江北风井上行
JBFC-CJ-R1	−15.1668	−15.1689	−15.0882	−1.4	1.1	−0.3	江北风井—近江区间上行
JBFC-CJ-R81	−15.1051	−15.1077	−15.1069	−1.7			江北风井—近江区间上行
FC-CJ-R1	−15.0868	−15.0883	−15.1052	−0.4	1.0	1.4	近江车站上行
FC-CJ-R6	−15.1052	−15.1061	−14.6176	1.4			近江车站上行
FCQT-CJ-R1	−15.1049	−15.1048	−14.6053	1.8	1.4	0.5	近江—婺江路区间上行
FCQT-CJ-R98	−14.6189	−14.6180	−7.8866	−0.5			近江—婺江路区间上行
QT-CJ-R1	−14.6072	−14.6049	−7.8917	−0.4	−0.4	0.1	婺江路车站上行

续表 6.9

监测点号	2012 年 6 月 30 日 初始高程 /m	2015 年 1 月 4 日 上次高程 /m	2015 年 7 月 4 日 本次高程 /m	累计沉降量 /mm	上次差异沉降值 /mm	本次差异沉降值 /mm	备注（所属位置）
QT-CJ-R7	−7.8861	−7.8868	−8.6680	−1.1			婺江路车站上行
QTCZ-CJ-R1	−7.8913	−7.8924	−8.6875	0.0	1.6	1.0	婺江路—城站区间上行
QTCZ-CJ-R188	−8.6669	−8.6688	−7.7397	1.2			婺江路—城站区间上行
CZ-CJ-R1	−8.6875	−8.6878	−7.9257	−2.1	−1.7	−3.3	城站车站上行
CZ-CJ-R5	−7.7410	−7.7406	−7.6053	−1.5			城站车站上行
CZHB-CJ-R1	−7.9236	−7.9248	−7.6008	−1.0	−0.2	0.5	城站—定安路站区间上行
CZHB-CJ-R186	−7.6038	−7.6053	−12.1509	1.0			城站—定安路站区间上行
HB-CJ-R1	−7.5998	−7.6015	−12.1546	−1.2	−1.4		定安路车站上行
HB-CJ-R5	−12.1518	−12.1516	−12.5302	−1.7			定安路车站上行
HBLX-CJ-R1	−12.1533	−12.1545	−12.3041	−1.5	0.5	0.2	定安路—龙翔桥区间上行
HBLX-CJ-R172	−12.5285	−12.5309	−6.3084	−0.6			定安路—龙翔桥区间上行
LX-CJ-R1	−12.3026	−12.3044	−6.3047	−0.1	0.4	0.5	龙翔桥车站上行
LX-CJ-R5	−6.3078	−6.3091	−6.0035	0.3			龙翔桥车站上行
LXFQ-CJ-R1	−6.3046	−6.3055	−5.9981	0.0	−1.2	−0.4	龙翔桥—凤起路区间上行
LXFQ-CJ-R78	−6.0038	−6.0027	−7.0099	−6.1			龙翔桥—凤起路区间上行
FQ-CJ-R1	−5.9981	−5.9981	−7.0132	−7.9	−0.4	−1.7	凤起路车站上行
FQ-CJ-R11	−7.0038	−7.0095	−6.0801	−0.8			凤起路车站上行
FQWL-CJ-R1	−7.0053	−7.0115	−6.0703	−0.7	1.1	0.1	凤起路—武林广场区间上行
FQWL-CJ-R127	−6.0793	−6.0794	−15.3071	2.9			凤起路—武林广场区间上行
WL-CJ-R1	−6.0696	−6.0685	−15.2446	1.1	−1.0	−1.8	武林广场车站上行
WL-CJ-R11	−15.3100	−15.3080	−11.5851	−4.9			武林广场车站上行
WLWG-CJ-R1	−15.2457	−15.2447	−11.5873	−4.6	1.2	0.3	武林广场—西湖文化广场区间上行
WLWG-CJ-R97	−11.5802	−11.5850	−18.3704	−0.4			武林广场—西湖文化广场区间上行

续表 6.9

监测点号	2012 年 6 月 30 日 初始高程 /m	2015 年 1 月 4 日 上次高程 /m	2015 年 7 月 4 日 本次高程 /m	累计沉降量 /mm	上次差异沉降值 /mm	本次差异沉降值 /mm	备注（所属位置）
WG-CJ-R1	−11.5827	−11.5863	−18.3675	−1.8	−1.2	−1.4	西湖文化广场车站上行
WG-CJ-R8	−18.3700	−18.3701	−17.8401	−1.4			西湖文化广场车站上行
WGGS-CJ-R1	−18.3657	−18.3670	−17.8376	−1.6	0.3	−0.2	西湖文化广场—打铁关区间上行
WGGS-CJ-R180	−17.8387	−17.8400	−14.7656	0.0			西湖文化广场—打铁关区间上行
GS-CJ-R1	−17.8360	−17.8369	−14.7159	0.0	−0.8	0.0	打铁关车站上行
GS-CJ-R11	−14.7656	−14.7656	−10.3280	1.9			打铁关车站上行
GSNK-CJ-R1	−14.7159	−14.7167	−10.3281	1.5	−0.1	−0.4	打铁关—闸弄口区间上行
GSNK-CJ-R227	−10.3299	−10.3284	−9.1055	0.1			打铁关—闸弄口区间上行
NK-CJ-R1	−10.3296	−10.3282	−9.0987	−0.1	−2.0	−0.2	闸弄口车站上行
NK-CJ-R5	−9.1056	−9.1047	−8.7482	1.4			闸弄口车站上行
NKFJ-CJ-R1	−9.0986	−9.0997	−8.7579	1.2	0.4	−0.2	闸弄口—火车东站风井上行
NKFJ-CJ-R164	−8.7496	−8.7488	−9.5921	0.5			闸弄口—火车东站风井上行
FJ-CJ-R1	−8.7591	−8.7579	−9.5797	−0.3	−0.3	−0.8	火车东站风井上行
FJ-CJ-R2	−9.5927	−9.5924	−9.5548	0.2			火车东站风井上行
FJDZ-CJ-R1	−9.5795	−9.5794	−9.5521	0.1	0.9	−0.1	东站风井—火车东站上行
FJDZ-CJ-R173	−9.5550	−9.5549	−15.8782	0.9			东站风井—火车东站上行
DZ-CJ-R1	−9.5522	−9.5512	−15.8782	−0.8	0.5	−1.7	火车东站站上行
DZ-CJ-R10	−15.8791	−15.8792	−15.3735	0.3			火车东站站上行
DZPB-CJ-R1	−15.8774	−15.8769	−15.3629	0.3	0.4	0.0	火车东站—彭埠区间上行

杭州地铁 1 号线明挖结构与隧道处/隧道与车站结构处差异沉降监测（下行线）见表 6.10。

表 6.10 杭州地铁 1 号线明挖结构与隧道处/隧道与车站结构处差异沉降监测(下行线)

监测点号	2012 年 6 月 30 日 初始高程 /m	2015 年 1 月 4 日 上次高程 /m	2015 年 7 月 4 日 本次高程 /m	累计沉降量 /mm	上次差异沉降值 /mm	本次差异沉降值 /mm	备注 (所属位置)
XHCR-CJ-L209	−7.4365	−7.4370	−7.4368	−0.3			湘湖出入段下行
XH-CJ-L1	−7.5525	−7.5530	−7.5535	−1.0	0.0	−0.7	湘湖车站下行
XH-CJ-L18	−7.6123	−7.6340	−7.6370	−24.7			湘湖车站下行
XHBK-CJ-L1	−7.6209	−7.6421	−7.6456	−24.7	0.5	0.0	湘湖—滨康路区间下行
XHBK-CJ-L265	−7.4387	−7.4361	−7.4365	2.2			湘湖—滨康路区间下行
BK-CJ-L1	−7.4516	−7.4518	−7.4528	−1.2	−2.8	−3.4	滨康路车站下行
BK-CJ-L6	−7.7538	−7.7540	−7.7532	0.5			滨康路车站下行
BKXX-CJ-L1	−7.7595	−7.7611	−7.7608	−1.4	−1.3	−1.9	滨康路—西兴区间下行
BKXX-CJ-L161	−7.2309	−7.2304	−7.2307	0.2			滨康路—西兴区间下行
XX-CJ-L1	−7.3059	−7.3068	−7.3062	−0.3	−1.4	−0.5	西兴车站下行
XX-CJ-L6	−7.5487	−7.5509	−7.5518	−3.1			西兴车站下行
XXBH-CJ-L1	−7.5592	−7.5608	−7.5624	−3.2	0.6	−0.1	西兴—滨和路区间下行
XXBH-CJ-L209	−7.7092	−7.7092	−7.7096	−0.4			西兴—滨和路区间下行
BH-CJ-L1	−7.7237	−7.7239	−7.7237	0.0	−0.2	0.4	滨和路车站下行
BH-CJ-L5	−8.0548	−8.0547	−8.0554	−0.7			滨和路车站下行
BHBJ-CJ-L1	−8.0524	−8.0513	−8.0532	−0.8	1.1	−0.1	滨和路—江陵路区间下行
BHBJ-CJ-L141	−9.4334	−9.4337	−9.4340	−0.6			滨和路—江陵路区间下行
BJ-CJ-L1	−9.4075	−9.4081	−9.4080	−0.5	−0.4	0.1	江陵路车站下行
BJ-CJ-L6	−8.9831	−8.9849	−8.9864	−3.3			江陵路车站下行
BJJN-CJ-L1	−8.9813	−8.9808	−8.9826	−1.3	2.3	2.0	江陵路—江南风井区间下行
BJJN-CJ-L144	−18.9480	−18.9473	−18.9467	1.3			江陵路—江南风井区间下行
JN-CJ-L1	−18.9914	−18.9915	−18.9914	−0.1	−0.9	−1.3	江南风井下行
JN-CJ-L2	−19.1902	−19.1905	−19.1901	0.2			江南风井下行
JNJB-CJ-L1	−19.3077	−19.3072	−19.3081	−0.4	0.7	−0.6	江南—江北风井区间下行
JNJB-CJ-L265	−15.2269	−15.2269	−15.2277	−0.8			江南—江北风井区间下行
JB-CJ-L1	−15.1760	−15.1762	−15.1761	−0.1	−0.2	0.8	江北风井下行
JB-CJ-L2	−15.0974	−15.0979	−15.0974	0.0			江北风井下行

续表 6.10

监测点号	2012 年 6 月 30 日 初始高程 /m	2015 年 1 月 4 日 上次高程 /m	2015 年 7 月 4 日 本次高程 /m	累计沉降量 /mm	上次差异沉降值 /mm	本次差异沉降值 /mm	备注（所属位置）
JBFC-CJ-L1	−15.0903	−15.0899	−15.0905	−0.2	0.9	−0.2	江北风井—近江区间下行
JBFC-CJ-L80	−15.1419	−15.1422	−15.1423	−0.4			江北风井—近江区间下行
FC-CJ-L1	−15.1168	−15.1169	−15.1167	0.2	0.2	0.6	近江车站下行
FC-CJ-L5	−14.8127	−14.8124	−14.8120	0.6			近江车站下行
FCQT-CJ-L1	−14.7956	−14.7951	−14.7954	0.1	0.2	−0.5	近江—婺江路区间下行
FCQT-CJ-L113	−7.8692	−7.8679	−7.8692	0.0			近江—婺江路区间下行
QT-CJ-L1	−7.8789	−7.8785	−7.8778	1.1	−0.9	1.1	婺江路车站下行
QT-CJ-L7	−8.7185	−8.7194	−8.7197	−1.2			婺江路车站下行
QTCZ-CJ-L1	−8.7386	−8.7394	−8.7399	−1.3	0.2	−0.1	婺江路—城站区间下行
QTCZ-CJ-L185	−7.7352	−7.7370	−7.7365	−1.3			婺江路—城站区间下行
CZ-CJ-L1	−7.9155	−7.9173	−7.9174	−1.9	0.0	−0.6	城站车站下行
CZ-CJ-L8	−7.6155	−7.6156	−7.6163	−0.8			城站车站下行
CZHB-CJ-L1	−7.6238	−7.6235	−7.6247	−0.9	0.4	−0.1	城站—定安路站区间下行
CZHB-CJ-L185	−12.1459	−12.1439	−12.1449	1.0			城站—定安路站区间下行
HB-CJ-L1	−12.1499	−12.1492	−12.1499	0.0	−1.2	−1.0	定安路车站下行
HB-CJ-L5	−12.4434	−12.4438	−12.4449	−1.5			定安路车站下行
HBLX-CJ-L1	−12.2939	−12.2920	−12.2927	1.2	2.4	2.7	定安路—龙翔桥区间下行
HBLX-CJ-L175	−6.3037	−6.3023	−6.3049	−1.2			定安路—龙翔桥区间下行
LX-CJ-L1	−6.2940	−6.2936	−6.2940	−0.1	−1.0	1.2	龙翔桥车站下行
LX-CJ-L7	−6.0135	−6.0130	−6.0137	−0.2			龙翔桥车站下行
LXFQ-CJ-L1	−6.0083	−6.0096	−6.0098	−1.6	−1.7	−1.4	龙翔桥—凤起路区间下行
LXFQ-CJ-L77	−7.0084	−7.0268	−7.0270	−18.6			龙翔桥—凤起路区间下行
FQ-CJ-L1	−6.9845	−7.0015	−7.0029	−18.3	1.4	0.3	凤起路车站下行
FQ-CJ-L11	−6.1000	−6.0992	−6.1005	−0.5			凤起路车站下行
FQWL-CJ-L1	−6.0771	−6.0769	−6.0779	−0.7	−0.6	−0.2	凤起路—武林区间下行
FQWL-CJ-L114	−18.3519	−18.3503	−18.3496	2.3			凤起路—武林区间下行
WL-CJ-L1	−18.3537	−18.3525	−18.3509	2.8	−0.4	0.5	武林广场车站下行
WL-CJ-L5	−18.5661	−18.5689	−18.5691	−3.0			武林广场车站下行

续表 6.10

监测点号	2012 年 6 月 30 日 初始高程 /m	2015 年 1 月 4 日 上次高程 /m	2015 年 7 月 4 日 本次高程 /m	累计沉降量 /mm	上次差异沉降值 /mm	本次差异沉降值 /mm	备注（所属位置）
WLWG-CJ-L1	−18.5399	−18.5432	−18.5437	−3.8	−0.5	−0.8	武林广场—西湖文化广场区间下行
WLWG-CJ-L95	−10.1836	−10.1842	−10.1845	−0.9			武林广场—西湖文化广场区间下行
WG-CJ-L1	−10.1924	−10.1929	−10.1938	−1.4	0.1	−0.5	西湖文化广场车站下行
WG-CJ-L7	−9.6436	−9.6434	−9.6443	−0.8			西湖文化广场车站下行
WGGS-CJ-L1	−9.6389	−9.6386	−9.6389	0.0	0.1	0.8	西湖文化广场—打铁关区间下行
WGGS-CJ-L184	−14.5691	−14.5686	−14.5701	−1.0			西湖文化广场—打铁关区间下行
GS-CJ-L1	−14.5050	−14.5055	−14.5051	0.0	−1.0	1.0	打铁关车站下行
GS-CJ-L10	−10.5540	−10.5550	−10.5553	−1.3			打铁关车站下行
GSNK-CJ-L1	−10.5636	−10.5640	−10.5656	−2.0	0.6	−0.7	打铁关—闸弄口区间下行
GSNK-CJ-L216	−9.1053	−9.1053	−9.1057	−0.4			打铁关—闸弄口区间下行
NK-CJ-L1	−9.0900	−9.0899	−9.0907	−0.7	0.2	−0.3	闸弄口车站下行
NK-CJ-L6	−8.7572	−8.7548	−8.7559	1.3			闸弄口车站下行
NKFJ-CJ-L1	−8.7589	−8.7565	−8.7574	1.5	0.1	0.2	闸弄口—火车东站风井下行
NKFJ-CJ-L164	−9.5822	−9.5809	−9.5821	0.1			闸弄口—火车东站风井下行
FJ-CJ-L1	−9.5685	−9.5681	−9.5674	1.1	−0.8	1.0	火车东站风井下行
FJ-CJ-L2	−9.5272	−9.5272	−9.5265	0.7			火车东站风井下行
FJDZ-CJ-L1	−9.5261	−9.5260	−9.5263	−0.1	0.2	−0.8	东站风井—火车东站下行
FJDZ-CJ-L170	−15.8762	−15.8758	−15.8768	−0.6			东站风井—火车东站下行
DZ-CJ-L1	−15.8822	−15.8825	−15.8826	−0.5	−0.7	0.1	火车东站站下行
DZ-CJ-L9	−15.3429	−15.3429	−15.3431	−0.2			火车东站站下行
DZPB-CJ-L1	−15.3240	−15.3236	−15.3239	0.1	0.4	0.3	火车东站—彭埠区间下行

(2)综合分析

基于目前所测杭州地铁 1 号线长期沉降监测数据分析，在地铁运营后 2～3 年时间段，车站结构与隧道结构差异沉降值并不显著，呈现整体沉降或轻微隆起的情况。初步分析，考虑到在建设期，车站在隧道进出洞门位置均采取了地层加固措施，因此，该连接处地层整体性较好，故所测差异沉降值基本处于正常范围内。

6.2.5.2　隧道结构与联络通道结构的差异沉降数据汇总

(1)差异沉降数据特征值

杭州地铁 1 号线隧道结构与联络通道处差异沉降监测(上行线)见表 6.11。

表 6.11　杭州地铁 1 号线隧道结构与联络通道处差异沉降监测(上行线)

监测点号	2012 年 7 月 2 日	2015 年 1 月 4 日	2015 年 7 月 4 日	累计值 /mm	上次差异沉降值 /mm	本次差异沉降值 /mm	备注
	初始高程 /m	上次高程 /m	本次高程 /m				
①XHBK-CJ-1R	－12.7937	－12.8085	－12.8081	－14.4			湘湖—滨康路上行联络通道
①XHBK-CJ-R87	－14.0233	－14.0359	－14.0361	－12.7	2.2	1.6	K00＋976.0
①XHBK-CJ-2R	－14.5141	－14.5339	－14.5350	－20.9			湘湖—滨康路上行联络通道
①XHBK-CJ-R178	－15.5935	－15.6117	－15.6132	－19.7	1.5	1.2	K01＋523.8
①BKXX-CJ-1R	－12.9970	－13.0261	－13.0265	－29.5			滨康路—西兴上行联络通道
①BKXX-CJ-R80	－14.1265	－14.1541	－14.1553	－28.7	1.6	0.8	K02＋756.0
①XXBH-CJ-1R	－13.6841	－13.6913	－13.6888	－4.7			西兴—滨和路联络通道上行
①XXBH-CJ-R115	－14.9322	－14.9333	－14.9314	0.9	6.1	5.5	K04＋087.0
①BHJL-CJ-1R	－11.8348	－11.8550	－11.8541	－19.3			滨和路—江陵路盾构区间上行
①BHJL-CJ-R65	－12.5748	－12.5862	－12.5851	－10.3	8.8	9.0	K05＋191.0
①JNJB-CJ-1R	－12.9970	－13.0210	－13.0277	－30.7			江南—江北风井联络通道上行
①JNJB-CJ-R99	－14.1265	－14.1499	－14.1563	－29.8	0.7	1.0	K07＋350.0
①JNJB-CJ-2R	－13.6841	－13.6863	－13.6878	－3.7			江南—江北风井联络通道上行
①JNJB-CJ-R182	－14.9322	－14.9317	－14.9327	－0.5	2.6	3.2	K07＋850.4
①JJWJ-CJ-1R	－10.1460	－10.1458	－10.1452	0.8			近江—婺江路联络通道上行
①JJWJ-CJ-R45	－11.2984	－11.2976	－11.2952	3.1	0.6	2.4	K09＋350.0
①WJCZ-CJ-1R	－13.9750	－13.9745	－13.9747	0.3			
①WJCZ-CJ-R99	－15.4408	－15.4403	－15.4403	0.5	0.0	0.2	K10＋506.0
①CZDA-CJ-1R	－13.5064	－13.5091	－13.5085	－2.2			城站—定安路站联络通道上行
①CZDA-CJ-R90	－14.4369	－14.4392	－14.4368	0.2	0.4	2.3	K11＋750.0
①DALX-CJ-1R	－18.7096	－18.7154	－18.7152	－5.6			定安路—龙翔桥联络通道上行
①DALX-CJ-R74	－20.1265	－20.1318	－20.1318	－5.3	0.5	0.3	K12＋920.0
①FQ-CJ-1R	－16.6374	－16.6450	－16.6439	－6.5			风起路—武林广场联络通道上行
①FQWL-CJ-R98	－18.0956	－18.1009	－18.1004	－4.8	2.3	1.8	
①WGDT-CJ-1R	－22.8827	－22.8839	－22.8863	－3.7			西湖文化广场—艮山联络通道上行

续表 6.11

监测点号	2012 年 7 月 2 日 初始高程 /m	2015 年 1 月 4 日 上次高程 /m	2015 年 7 月 4 日 本次高程 /m	累计值 /mm	上次差异沉降值 /mm	本次差异沉降值 /mm	备注
①WGDT-CJ-R112	−24.0356	−24.0370	−24.0387	−3.1	−0.1	0.6	K17+136.0
①DTNK-CJ-1R	−16.0234	−16.0305	−16.0304	−7.0			打铁关—闸弄口联络通道上行
①DTNK-CJ-R118	−16.6709	−16.6840	−16.6839	−13.1	−6.0	−6.1	K18+679.0
①NKDZ-CJ-1R	−11.0290	−11.0384	−11.0382	−9.2			闸弄口—东站风井联络通道上行
①NKFJ-CJ-R67	−11.7224	−11.7332	−11.7333	−10.9	−1.5	−1.7	K19+916.0
①NKDZ-CJ-2R	−14.9151	−14.9610	−14.9602	−45.2			东站风井—东站联络通道上行
①NKDZ-CJ-R76	−15.4556	−15.4956	−15.4964	−40.8	5.8	4.4	K20+953.0

杭州地铁 1 号线隧道与联络通道处差异沉降监测(下行线)见表 6-12。

表 6.12 杭州地铁 1 号线隧道与联络通道处差异沉降监测(下行线)

监测点号	2012 年 7 月 2 日 初始高程 /m	2015 年 1 月 4 日 上次高程 /m	2015 年 7 月 4 日 本次高程 /m	累计值 /mm	上次差异沉降值 /mm	本次差异沉降值 /mm	备注
①XHBK-CJ-1L	−12.7856	−12.79903	−12.80203	−16.4			湘湖—滨康路下行联络通道
①XHBK-CJ-L77	−13.9950	−14.01008	−14.01177	−16.8	−1.7	−0.3	K00+967.7
①XHBK-CJ-2L	−14.5449	−14.56796	−14.56917	−24.3			湘湖—滨康路下行联络通道
①XHBK-CJ-L170	−15.6018	−15.62548	−15.62687	−25.1	−0.6	−0.8	K01+525.1
①BKXX-CJ-1L	−13.0146	−13.02565	−13.01366	0.9			滨康—西兴下行联络通道
①BKXX-CJ-L78	−14.1280	−14.13803	−14.13869	−10.7	1.0	−11.6	K02+741.6
①XXBH-CJ-1L	−13.6785	−13.68451	−13.68658	−8.1			西兴—滨和路联络通道下行
①XXBH-CJ-L114	−14.9485	−14.95221	−14.95477	−6.3	2.3	1.8	K04+085.2
①BHJL-CJ-1L	−11.9285	−11.9485	−11.94867	−20.2			滨和路—江陵路联络通道下行
①BHJL-CJ-L64	−12.8486	−12.85855	−12.85945	−10.9	10.0	9.3	K05+190.7
①JNJB-CJ-1L	−24.3608	−24.36007	−24.36165	−0.9			江南—江北风井联络通道下行
①JNJB-CJ-L99	−25.6347	−25.63377	−25.63606	−1.4	0.2	−0.5	K07+350.0
①JNJB-CJ-2L	−19.8991	−19.89944	−19.89684	2.2			江南—江北风井联络通道下行
①JNJB-CJ-L182	−21.1863	−21.18671	−21.18456	1.7	0.0	−0.5	K07+850.4
①WJJJ-CJ-1L	−10.1382	−10.13708	−10.13422	4.0			近江—婺江路联络通道下行

续表 6.12

监测点号	2012 年 7 月 2 日	2015 年 1 月 4 日	2015 年 7 月 4 日	累计值 /mm	上次差异沉降值 /mm	本次差异沉降值 /mm	备注
	初始高程 /m	上次高程 /m	本次高程 /m				
①WJJJ-CJ-L60	−11.2342	−11.23154	−11.22957	4.7	1.6	0.7	K09＋350.0
①JJCZ-CJ-1L	−14.0062	−14.00928	−14.00931	−3.1			婺江路—城站联络通道下行
①JJCZ-CJ-L92	−15.1638	−15.16381	−15.16358	0.2	3.1	3.3	K10＋499.4
①CZDA-CJ-1L	−13.5040	−13.50816	−13.50738	−3.4			城站—定安路站联络通道下行
①CZDA-CJ-L90	−14.6425	−14.64453	−14.64421	−1.7	2.2	1.7	K11＋756.0
①DALX-CJ-1R	−18.17738	−18.18188	−18.18172	−4.3			定安路—龙翔桥联络通道下行
①DALX-CJ-L78	−19.1652	−19.16781	−19.17024	−5.0	1.9	−0.7	K12＋949.9
①FQ-CJ-1L	−16.4964		−16.5060				风起路—武林广场联络通道下行
①FQWL-CJ-L98	−18.0151	−18.02125	−18.02223	−7.1	−16502.6		
①WGDT-CJ-1L	−22.8713	−22.86941	−22.87231	−1.0			西湖文化广场—打铁关联络通道下行
①WGDT-CJ-L115	−23.8230	−23.82185	−23.82253	0.5	−0.7	1.5	K17＋151.0
①DTNK-CJ-1L	−16.0223	−16.03989	−16.03852	−16.3			打铁关—闸弄口联络通道下行
①DTNK-CJ-L107	−16.7155	−16.73054	−16.72956	−14.1	2.6	2.2	K18＋678.9
①NKDZ-CJ-1L	−11.0416	−11.0504	−11.0532	−11.6			闸弄口—东站风井联络通道下行
①NKFJ-CJ-L67	−11.6972	−11.71028	−11.71264	−15.4	−4.3	−3.8	K19＋910.0
①NKDZ-CJ-2L	−14.9134	−14.9396	−14.9404	−27.0			东站风井—东站联络通道下行
①FJDZ-CJ-L74	−15.4127	−15.44144	−15.44662	−33.9	−2.5	−6.9	K20＋963.6

(2)综合分析

基于运营沉降监测数据分析，联络通道与隧道结构差异沉降量达到报警值的区间有 4 个，分别是西兴站—滨和路站区间下行线、滨和路站—江陵路站区间上行线与下行线区间、打铁关站—闸弄口站上行线与下行线、闸弄口站—火车东站站区间上行线 1 号联络通道处与下行线 2 号联络通道处等。其差异沉降值为 5～10 mm，基于现场巡查情况看，均出现了局部的渗漏情况，可见联络通道结构与隧道结构差异沉降较大，已对现有隧道结构整体造成一定影响。另外，针对出现较大差异沉降区域，其整体沉降也较大，达到 20～30 mm，初步分析其造成差异沉降的原因为：该处隧道下卧层处于软土地基，在建设期联络通道施工过程中基本采用冻结法，在冻胀、解冻过程中，下卧层土层受扰动后强度降低导致固结沉降(如闸弄口站—火车东站站区间联络通道区域因前期未完成融沉注浆即开始铺展道床导致后续长期持续性固结沉降发展)，因联络通道下卧层土层处受扰动最大，一般情况下联络通道结构处沉降最大，进而导致该区域与邻近区间隧道结构出现较大的差异沉降。

6.2.6 小结

(1)基于杭州地铁1号线长期沉降监测成果总体分析,单次沉降量超报警值(4 mm/次)的区间(车站)有:湘湖站—滨康路站区间、龙翔桥站—凤起路站区间、武林广场站—西湖文化广场站区间、闸弄口站—火车东站站区间,共4个区间;累计沉降量超过报警值的有湘湖站等。

(2)针对闸弄口站—火车东站站区间,从监测数据看,主要影响原因是2014年12月26日—2015年5月10日,该区间在进行收敛整治,整治期间隧道沉降速率有所减缓,但注浆结束后近两个月,上行线隧道沉降速率最大值已达到−0.07 mm/d,下行线反而小于−0.02 mm/d。

(3)从平均年沉降量分析,超过年控制值20 mm的区间有湘湖站—滨康路站区间、龙翔桥站—凤起路站区间、武林广场站—西湖文化广场站区间、闸弄口站—火车东站站区间,共4个区间;武林广场站—西湖文化广场站区间的收敛变形累计量已经达到59.5 mm,年均变形量已接近控制值20 mm。

(4)总的引发沉降报警的各类因素如下:因前期盾构掘进引发土层扰动所致,例如湘湖站—滨康路站区间靠近湘湖站区域;因受外侧施工扰动影响所致,如湘湖站—滨康路站区间(受桩基施工影响及部分区段受上方堆土影响),龙翔桥—凤起路站区间(受凤起路车站及嘉里中心施工影响);整体车站沉降或隆起变形均较区间的要小,但也存在因前期车站或盾构区间对应下卧层土体受过历史扰动,后期固结沉降较大的情况,如湘湖站(前期事故发生段车站沉降大);因线型等变化导致受扰动后变形较大,如武林广场站—西湖文化广场站在上、下行线叠交段沉降较大;因联络通道融沉引发沉降,如火车东站风井—火车东站站区间联络通道施工融沉阶段,其隧道外部淤泥质土层受扰动导致沉降较大;另外,从各沉降较大区间变形数据分析,其下卧层土层处于软土地基也是变形较大的因素之一。

(5)针对车站与隧道结构差异沉降没有超报警值情况进行分析:基于目前杭州地铁1号线长期沉降监测数据分析,在地铁运营后2～3年时间段,车站结构与隧道结构差异沉降值并不显著,呈现整体沉降或轻微隆起的情况。初步分析,考虑到在建设期,车站在隧道进出洞门位置均采取了地层加固措施,因此,该连接处地层整体性较好,故所测差异沉降值基本处于正常范围内。

(6)针对联络通道与隧道结构差异沉降情况分析:达到报警值的区间有4个,分别是西兴站—滨和路站区间下行线、滨和路站—江陵路站区间上行线与下行线区间、打铁关站—闸弄口站上行线与下行线、闸弄口站—火车东站站区间上行线1号联络通道处与下行线2号联络通道处。其差异沉降值为5～10 mm,基于现场巡查情况分析,均出现了局部的渗漏情况,可见联络通道结构与隧道结构差异沉降较大,已对现有隧道结构整体造成一定影响。此外,针对出现较大差异沉降的区域,其整体沉降也较大,达到20～30 mm,初步分析其造成差异沉降的原因为,该处隧道下卧层处于软土地基,在建设期联络通道施工过程中基本采用冻结法,在冻胀、解冻过程中,下卧层土层受扰动后强度降低导致固结沉降,因联络通道下卧层土层处受扰动最大,一般情况下联络通道处沉降最大,因此该处与隧道结构出现较大的差异沉降。

6.3　地铁隧道长期沉降因素分析

综合多个城市地铁线路的长期沉降监测数据及工程案例，同时结合现场工况综合分析。导致隧道结构长期变形的主要因素如下：

①前期隧道施工过程中对土体的扰动（如盾构推进欠压、超挖）及土体受扰动后的固结沉降（软土层的流变因素）；

②下卧层土层分布的不均匀性，当一侧地基基床系数减小时，隧道纵向整体沉降增加，沉降范围增大，沉降曲线变为不对称，且随着基床系数差异的增大，不对称愈发明显；

③上方覆盖层分布的不均匀性；

④隧道邻近建筑施工活动的影响；

⑤地表加/卸荷载影响；

⑥隧道所处地层的地下水位的变化（自然水位变化或邻近基坑降水等施工）；

⑦各类原因导致的下卧层土层的水土流失；

⑧隧道与车站连接处运营环境的差异；

⑨运营期间交通工具的振动荷载作用（在试运营期的前 1～2 个月沉降速率普遍较大，随着时间的推移，沉降速率逐渐减小）；

⑩联络通道处受冻胀、融沉影响，或融沉注浆不到位等情况，引发下卧层土体扰动及固结沉降；

⑪隧道结构自身渗漏及堵漏施工引发周围岩土体性质发生变化等。

结合多个工程案例及过程监测数据分析，车站与隧道连接处产生差异沉降的主要原因包括：车站与隧道结构差异导致的刚度差异、车站与隧道的基底加固方式不同、车站与隧道出现差异沉降后轨道不平顺导致的行车振动、连接部位易出现渗（漏）水等。

为减小或避免车站与隧道连接处差异沉降的发生，宜在车站及隧道连接处设置一定长度的刚度过渡段，长度可设置为 15～20 m，刚度过渡段的做法可借鉴高速铁路的线路刚度过渡段设置方法；对进站端头井与出站端头井的加固应区别对待，出站端头井的加固深度与长度应适当加大；此外，还可以考虑在车站与隧道连接处一定范围内采用减振型轨道结构。

在运营阶段应加强车站与隧道连接处的监测，在发现渗（漏）水时要尽快治理，发现轨道不平顺时要及时调整轨道，以防恶性循环发生。

联络通道及其旁线路的不均匀沉降可分为两类，一类是线路刚开始运营就产生的不均匀沉降；另一类是在线路运营数年后产生的不均匀沉降。刚开始运营就产生不均匀沉降的主要原因为联络通道施工过程中对周围土体产生了扰动；运营数年后出现差异沉降的主要原因为联络通道处发生了渗漏，进而导致周围土体产生固结沉降。在线路不均匀沉降出现后，线路的平顺性受到影响，同时管片间发生相对位移后易出现渗漏，最终多因素形成恶性循环，这也是线路一旦发生不均匀沉降后，不均匀沉降值与影响范围往往要增大的原因。

为了减小联络通道旁线路的不均匀沉降发生，建议在盾构隧道施工前将联络通道周围的土体进行永久性加固，如采用旋喷法或深层搅拌法。当条件不允许而必须采用冻结法施工联络通道时，应尽量采取措施来减小冻结法施工对土体的扰动，如降低冷却温度，增大冻结速度，增大解冻速度，加大融沉注浆控制，把冻结范围控制在必要的最小限度内，通过增加孔隙水的黏性来控制向冻结面的水分迁移量等，并在施工完后加强壁后注浆。

从目前结构间的差异沉降数据分析，在局部出现差异沉降后，随着运营时间的增长，在沉降槽的附近线路往往会形成新的不均匀沉降。其主要原因是列车在沉降槽附近出现了颠簸，因此，应加强线路的平顺性监测，当线路出现差异沉降后应及时采取措施，以防止多因素恶性循环导致更大的不均匀沉降。

7 地铁隧道长期沉降预测

7.1 工 程 背 景

杭州地铁 1 号线是浙江省杭州市的首条地铁线路，于 2007 年 3 月 28 日开工建设，2012 年 11 月 24 日正式运营。下沙延伸段于 2015 年 11 月 24 日建成通车。地铁 1 号线从萧山湘湖站至下沙江滨站、客运中心站至临平站，连通主城与江南、临平、下沙副城，线路全长 53 km（含下沙延伸段），设有车站 34 座，其中地下站 31 座，高架站 3 座，停车场及车辆基地 2 座。本次结构长期变形监测 CQYYJC1-1 标段工作范围为：萧山湘湖站（右线里程 K0＋000）—火车东站站（含里程 K21＋803.316），共 16 座车站，15 个盾构区间，湘湖停车场出入线段（双线），正线起止里程为 K0＋000～K21＋803.316，正线里程约 21.8 km。

杭州地铁 1 号线线路如图 7.1 所示。

图 7.1　杭州地铁 1 号线线路

线路经过的都是客流量较大的路段，远期高峰每小时达到3.5万人次。建成后的地铁1号线已成为市区内部公共交通主干线，为改善市区交通、促进经济和文化发展服务。地铁总体建在地质条件复杂、建筑物林立、人口密集、交通拥挤的闹市区，加上在地铁隧道沿线附近或上方进行非地铁施工的建设项目越来越多，可能会导致地铁隧道产生纵向沉降。量变达到一定程度会诱发质变，当沉降量超过一定限度时，会对地铁隧道施工和地铁正常运行产生重大影响，必然会危及地铁沿线附近地面建筑物、地下各类管线的安全，最终有可能造成不可估量的经济损失和恶劣的社会影响。2003年7月1日，上海轨道交通4号线浦东南路站至南浦大桥站越江区间隧道联络通道在施工过程中带动土层移位，导致隧道结构破损，引发地面土体塌陷，造成隧道进水、地面沉陷、防汛墙坍塌、房屋倾斜等险情，该事故导致约6亿元人民币的损失；2008年11月15日，浙江省杭州市风情大道地铁1号线施工现场发生土体坍塌事故，导致八车道的风情大道坍塌100多米长，塌陷深度20 m左右，造成21人死亡；2012年8月22日，南京地铁2号线一列开往油坊桥方向的列车，由于高水位、高水压，致使水压将道床下的二衬击穿，当重载列车通过时，导致道床局部瞬间隆起卡住列车，造成列车车厢错位。只要将质变中的量变控制在一定范围内，质变就无法实现，大部分地铁事故为缓变事故，事故发生前均有征兆，是可以控制的，因此安全管理不可忽视。地铁沉降监测是避免该类事故的十分重要的手段。对监测数据及时分析与预测，采取有效的措施减小沉降，对确保地铁周边环境安全，为地铁运营区提供技术支持，为区内地铁施工和其他工程项目建设提供保障，并获得良好的社会效益有着重要的意义。

7.2　沿线工程地质条件

7.2.1　自然地理环境及地形地貌

杭州市区位于钱塘江下游北岸，在地理位置上属于我国长江三角洲区域，在地形位置上处在天目山系余脉的低山丘陵与平原的交接地带，西南部为低山丘陵地形。

本工程线段位于杭州东北部郊外广阔的冲积平原上，陆路交通发达，河道水系密布，沿线地势基本平坦，地面高程在4.14～8.42 m之间，沿线除穿越滨江区、杭州城区、九堡镇、乔司镇到临平镇外，其余均为乡村民居及农田。

7.2.2　区域地质构造及地震效应

依据区域地质、地震资料，存在于本区的球川—萧山深断裂和昌化—普陀大断裂，为微弱活动性断裂。

拟建工程按7度近震设防场地沿线在地表下15 m范围内分布的主要是粉砂性土层，15 m范围内土层的平均剪切波速厚度加权平均值为170 m/s，根据标准贯入试验及剪切波速试验综合判断沿线饱和粉砂性土层为局部液化。

场地土属中软(场地)土，场地类别为Ⅲ类。

7.2.3　沿线地基土的构成及其工程特性

场地位于杭州东北部冲积平原区，第四纪覆盖层厚度达50～70 m。上部主要为钱塘江近代冲积沉积的粉砂性土，下部为陆-海相软、硬土层交替沉积地层。

现自上而下分述如下：

(1)人工填土

①$_1$ 层　杂填土：杂色，松散，湿，以碎石、碎砖及建筑生活垃圾为主，中山北路路面为混凝土沥青路面或水泥路面，厚 20～30 cm。全场分布，层厚 0.30～2.30 m。

①$_2$ 层　素填土：灰黄，松散，湿，以粉质黏土和砂质粉土为主，含少量碎石、碎瓦、植物根系。全场分布，层厚 0.40～2.40 m。

(2)全新统上段地表“硬壳层”(alQ_4^3)

②$_2$ 层　粉质黏土：灰绿、灰黄色，软塑，含氧化铁、云母及有机质，俗称“硬壳层”。无摇振反应，切面光滑，干强度中等，韧性中等。全场分布，顶板埋深 1.20～3.20 m，顶板高程 1.17～3.05 m，层厚 0.20～1.80 m。

②$_3$ 层　黏质粉土：灰绿、灰黄色，稍密，很湿，含氧化铁、云母及有机质，俗称“硬壳层”。摇振反应快，切面粗糙，韧性低。零星分布，顶板埋深 1.80～4.00 m，顶板高程 0.37～2.69 m，层厚 0.80～1.90 m。

(3)全新统中段浅海相沉积层(mQ_4^2)

下分四个亚层：

④$_1$ 层　淤泥质粉质黏土：灰色，流塑，含云母、有机质，局部夹粉土薄层。无摇振反应，切面光滑，干强度中等，韧性中等。实测标贯击数 0.5～4.0 击，平均值 1.9 击。静力触探锥尖阻力 q_c＝0.20～0.40 MPa，平均值为 0.32 MPa，侧壁阻力 f_s＝5.8～9.8 kPa，平均值为 7.0 kPa，属高压缩性土。全场分布，顶板埋深 2.50～4.80 m，顶板高程－0.43～1.97 m，层厚 1.70～5.80 m。

④$_{2a}$层　砂质粉土夹淤泥质粉质黏土：灰色，稍密，湿，饱和，含云母、有机质。摇振反应迅速，切面粗糙。静力触探锥尖阻力 q_c 平均值为 1.60 MPa，侧壁阻力 f_s 平均值为 29.8 kPa，属中等压缩性土。零星分布，顶板埋深 6.50～6.90 m，顶板高程－2.57～－2.21 m，层厚4.80～5.90 m。

④$_2$ 层　淤泥质粉质黏土夹粉土：灰色，流塑，含云母、有机质。无摇振反应，切面规则，呈层状，夹薄层粉土，厚 1～2 mm，局部粉土含量较高，为互层，干强度中等，韧性中等。实测标贯击数 1～6 击，平均值 3.4 击。静力触探锥尖阻力 q_c＝0.50～1.10 MPa，平均值为 0.79 MPa，侧壁阻力 f_s＝8.8～22.6 kPa，平均值为 14.8 kPa，属高压缩性土。全场分布，顶板埋深 5.40～9.10 m，顶板高程－4.52～－0.88 m，层厚 2.90～7.00 m。

④$_3$ 层　淤泥质粉质黏土：灰色，流塑，含云母、有机质，局部夹粉土粉砂。无摇振反应，切面较光滑，干强度中等，韧性中等。实测标贯击数 1～7 击，平均值 2.9 击。静力触探锥尖阻力 q_c＝0.50～0.90 MPa，平均值为 0.64 MPa，侧壁阻力 f_s＝8.0～16.4 kPa，平均值为12.4 kPa，属高压缩性土。全场分布，顶板埋深 10.70～13.30 m，顶板高程－8.83～－6.33 m，层厚 6.20～9.20 m。

(4)淤泥质粉质黏土

层底埋深 22.6～25.4 m，杭州地铁 1 号线大部分区间隧道的下卧层，是产生长期沉降的主要土层，本次试验的土样取自该地层。

⑥$_1$ 层　淤泥质粉质黏土：灰～深灰色，流塑，局部软塑，含云母、有机质，高灵敏度。切面

粗糙,呈鱼鳞片状,无摇振反应,干强度中等,韧性中等。实测标贯击数 2～6 击,平均值 3.3 击。静力触探锥尖阻力 q_c=0.70～0.90 MPa,平均值为 0.76 MPa,侧壁阻力 f_s=9.8～14.6 kPa,平均值为 12.6 kPa,属高压缩性土。全场分布,顶板埋深 17.60～21.30 m,顶板高程－16.91～－13.00 m,层厚 1.50～7.30 m。

⑥$_2$ 层　淤泥质粉质黏土:灰～深灰色,流塑,局部软塑,含有机质,局部夹贝壳碎屑,高灵敏度。切面粗糙,呈鱼鳞片状,无摇振反应,干强度中等,韧性中等。实测标贯击数 4～10 击,平均值 6.7 击。静力触探锥尖阻力 q_c=0.80～1.60 MPa,平均值为 1.16 MPa,侧壁阻力 f_s=12.1～26.4 kPa,平均值 18.9 kPa,属高压缩性土。部分分布,顶板埋深 25.20～27.30 m,顶板高程－22.78～－20.87 m,层厚 2.20～9.80 m。

(5)晚更新统河口相沉积层(al～lQ_3^2)

本场地内分布两个亚层:

⑦$_1$ 层　黏土:青灰～灰黄色,硬可塑,含铁锰质氧化斑点。无摇振反应,切面较光滑,干强度高,韧性高。实测标贯击数 14～18 击,平均值 15.8 击。静力触探锥尖阻力 q_c 平均值 1.50 MPa,侧壁阻力 f_s 平均值为 31.2 kPa,属中等压缩性土。局部分布,顶板埋深 20.60～26.80 m,顶板高程－22.50～－16.23 m,层厚 1.20～6.00 m。

⑦$_2$ 层　粉质黏土:青灰～灰黄色,硬可塑,含铁锰质氧化斑点。无摇振反应,切面较光滑,干强度高,韧性高。实测标贯击数 7～52 击,平均值 20.6 击。静力触探锥尖阻力 q_c=3.00～3.10 MPa,平均值 3.07 MPa,侧壁阻力 f_s=110.8～111.7 kPa,平均值 111.4 kPa,属中等压缩性土。局部分布,顶板埋深 22.10～35.20 m,顶板高程－30.91～－17.36 m,层厚1.60～9.30 m。

(6)晚更新统浅海相沉积层(mQ_3^2)

本场地内分布一个亚层:

⑧$_2$ 层　粉质黏土:灰～灰褐色,可塑,局部软塑。含少量云母碎屑、腐殖质,局部夹碳化物及朽木。无摇振反应,切面较光滑,干强度中等,韧性高。实测标贯击数 7～17 击,平均值为 9.8 击。静力触探锥尖阻力 q_c=2.10～2.30 MPa,平均值 2.18 MPa,侧壁阻力 f_s=38.9～40.3 kPa,平均值 39.8kPa,属中等压缩性土。部分分布,顶板埋深 29.80～38.20 m,顶板高程－33.81～－25.35 m,层厚 1.20～6.70 m。

(7)晚更新统中段河湖相沉积层(al～lQ_3^2)

本场地内分布两个亚层:

⑨$_{1a}$层　粉质黏土:灰绿、灰黄色,以硬可塑状为主,含云母、铁锰质,粉性较强,无摇振反应,切面较光滑,干强度高,韧性中等。实测标贯击数 11～32 击,平均值 19.0 击。静力触探锥尖阻力 q_c=2.40～2.80 MPa,平均值 2.65 MPa,侧壁阻力 f_s=65.9～81.9 kPa,平均值 75.4 kPa,属中等压缩性土。部分分布,顶板埋深 27.80～41.30 m,顶板高程－36.91～－23.06 m,揭露层厚 1.40～8.80 m。

⑨$_{1b}$层　含砂粉质黏土:灰黄色,以软可塑状为主,局部软塑状。含氧化铁,夹有大量粉土、粉砂。具摇振反应,切面光滑,干强度高,韧性中等。实测标贯击数 8～25 击,平均值 20.5 击。静力触探锥尖阻力 q_c 平均值为 1.90 MPa,侧壁阻力 f_s 平均值为 38.7 kPa,属中等压缩性土。部分分布,顶板埋深 33.90～40.90 m,顶板高程－36.36～－29.43 m,层厚 0.80～3.90 m。

(8)侏罗系(J)凝灰岩

属软质岩石,本场地南侧深孔均有揭露,分全风化、强风化、中风化(上段)、中风化(下段)

四个亚层。

㉒$_1$层 全风化凝灰岩：浅紫色，湿，矿物成分已基本风化，呈土状，钻进容易。部分分布，顶板埋深30.10～38.40 m，顶板高程－34.15～－25.36 m，层厚1.50～5.40 m。

㉒$_2$层 强风化凝灰岩：浅紫色，湿，矿物成分已大部分风化，岩芯呈柱状或碎块状，可掰断，轻击易碎。部分分布，顶板埋深38.50～42.20 m，顶板高程－37.73～－34.13 m，层厚3.30～7.10 m。

㉒$_{3-1}$层 中风化凝灰岩(上段)：浅紫色，部分矿物成分风化，岩芯呈柱状或短柱状。含晶屑、岩晶、玻屑成分，凝灰结构，块状构造，裂隙较发育；锤击声稍脆，可击碎。部分分布，顶板埋深42.60～46.80 m，顶板高程－42.28～－38.23 m，揭露层厚大于5.50 m。

㉒$_{3-2}$层 中风化凝灰岩(下段)：浅紫色，部分矿物成分风化，岩芯呈柱状或短柱状。含晶屑、岩晶、玻屑成分，凝灰结构，块状构造，裂隙较发育；锤击声脆，不易击碎，强度高于㉒$_{3-1}$层。部分分布，揭露顶板埋深48.80～54.50 m，顶板高程－50.03～－55.55 m。

(9)侏罗系(J)安山玢岩

为侵入岩，属硬质岩石，本场地大部分控制性深孔中揭露，分全风化、强风化、中风化(上段)、中风化(下段)四个亚层。

㉓$_1$层 全风化安山玢岩：浅紫色，湿，矿物成分已基本风化，呈土状，钻进平稳，进尺快。部分分布，顶板埋深35.60～44.10 m，顶板高程－39.72～－31.30 m，层厚0.30～9.80 m。

㉓$_2$层 强风化凝灰岩：浅紫色、灰色，湿，矿物成分已大部分风化，岩芯呈柱状或碎块状，轻击易碎，可折断。部分分布，顶板埋深37.10～52.50 m，顶板高程－48.11～－32.80 m，层厚0.90～9.30 m。

㉓$_{3-1}$层 中风化安山玢岩(上段)：浅紫、深灰色，部分矿物成分已风化，斑状结构，块状构造，岩芯呈短柱～柱状，裂隙较发育，锤击声稍脆，可击碎。部分分布，顶板埋深32.90～55.30 m，顶板高程－50.91～－28.63 m，揭露层厚大于1.3 m。

㉓$_{3-2}$层 中风化安山玢岩(下段)：浅紫、深灰色，部分矿物成分已风化，斑状结构，块状构造，岩芯呈短柱～柱状，裂隙较发育，锤击声脆，不易击碎，强度高于(23)$_{3-1}$层。揭露顶板埋深47.20～57.40 m，顶板高程－52.86～－42.62 m。

7.2.4 沿线水文地质条件

沿线浅部地下水属潜水类型，主要赋存于上部填土层及粉土、砂土层中，补给来源主要为大气降水及地表水，其静止水位深1～4 m，并随季节性变化。根据初勘资料，场地沿线潜水层及承压含水层中地下水对混凝土无腐蚀性。

沿线承压含水层主要分布于深部的圆砾层中，隔水层为其上部的黏性土层，该层承压水对混凝土无腐蚀性。

7.3 车站及区间道床沉降最大值汇总图

累计沉降量随时间的变化曲线如图7.2所示。不同区间段沉降量汇总如图7.3所示，图7.3曲线中各点表示各个时间段内各个车站及区间道床沉降最大值点，其中纵坐标表示最大沉降点的沉降量，横坐标表示相应的里程点，图中仅显示单行线的点号，各个车站及区间道床中沉降量最大的四组点。从图 7.2(a)中可以看出,四个典型区间段的累计沉降量经过 3 年多的发展后,还在继续沉降,对比分析上海地铁 2 号线的沉降数据[图 7.2(b)]可以看出,沉降有缓和趋势,但后续的沉降和蠕变不容忽视。

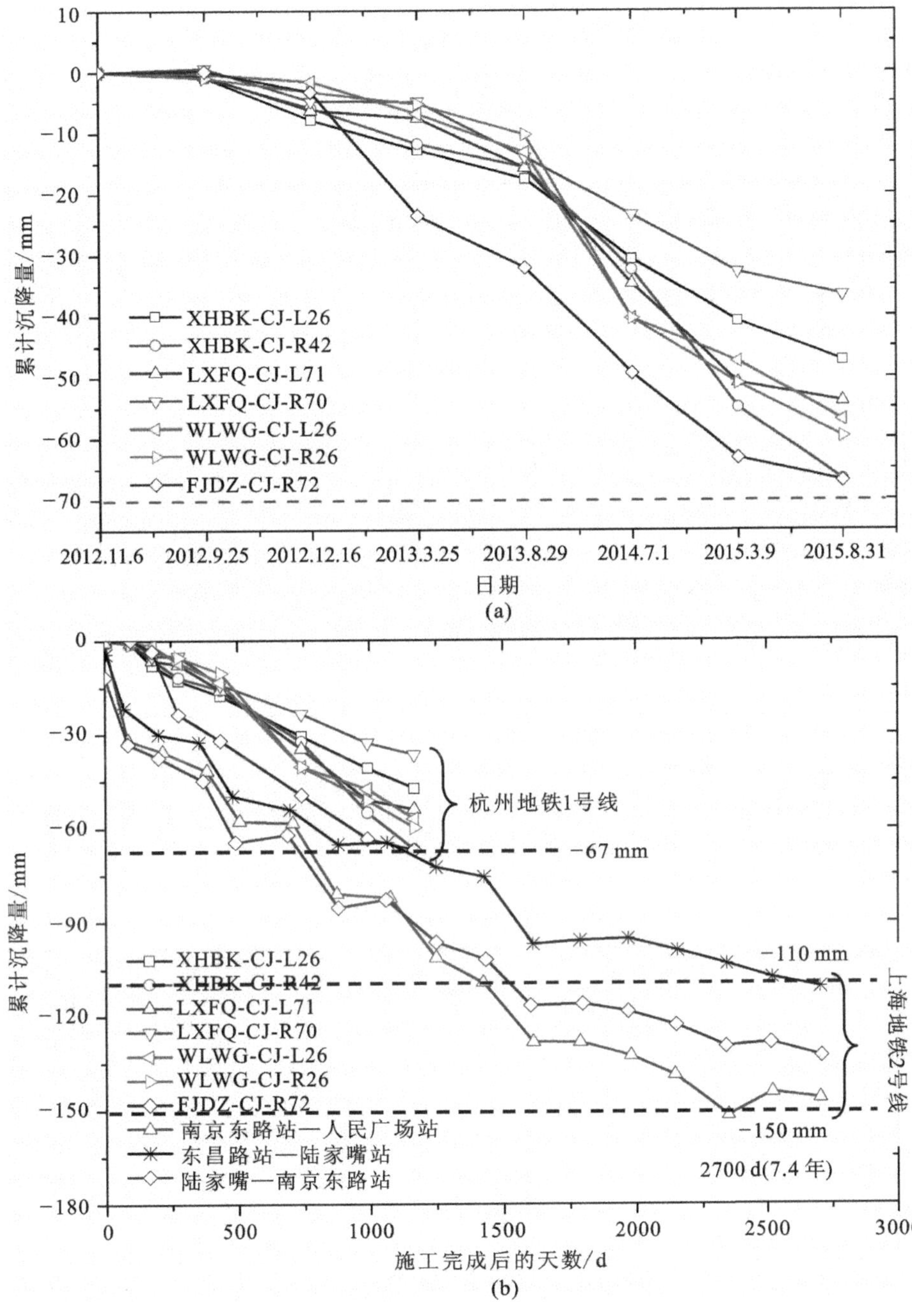

图 7.2 累计沉降量随时间的变化曲线

(a)杭州地铁 1 号线四个典型区间段的累计沉降量随时间变化;(b)对比上海地铁沉降数据

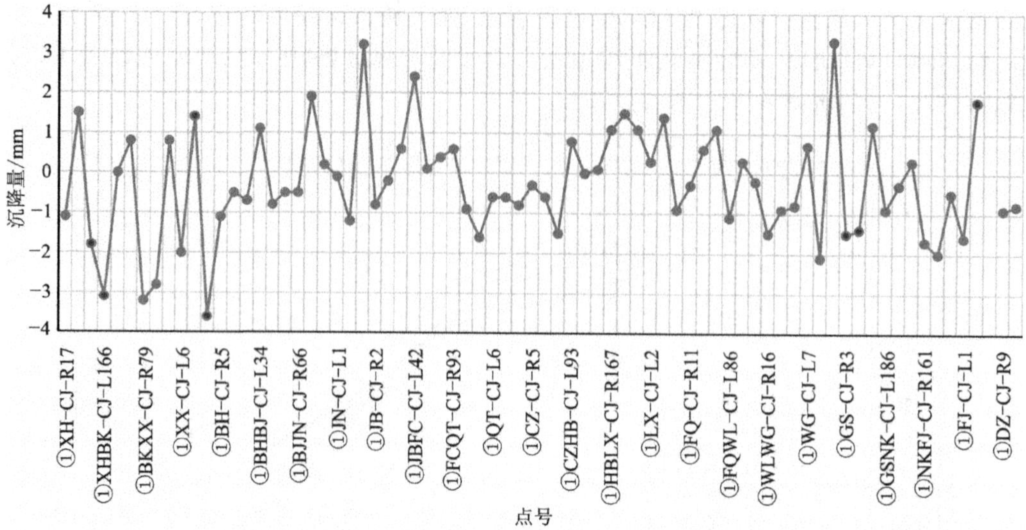
沉降量/mm
4
3
2
1
0
−1
−2
−3
−4
①XH−CJ−R17
①XHBK−CJ−L166
①BKXX−CJ−R79
①XX−CJ−L6
①BH−CJ−R5
①BHBJ−CJ−L34
①BJJN−CJ−R66
①JN−CJ−L1
①JB−CJ−R2
①JBFC−CJ−L42
①FCQT−CJ−R93
①QT−CJ−L6
①CZ−CJ−R5
①CZHB−CJ−L93
①HBLX−CJ−R167
①LX−CJ−L2
①FQ−CJ−R11
①FQWL−CJ−L86
①WLWG−CJ−R16
①WG−CJ−L7
①GS−CJ−R3
①GSNK−CJ−L186
①NKFJ−CJ−R161
①FJ−CJ−L1
①DZ−CJ−R9
点号
(a)

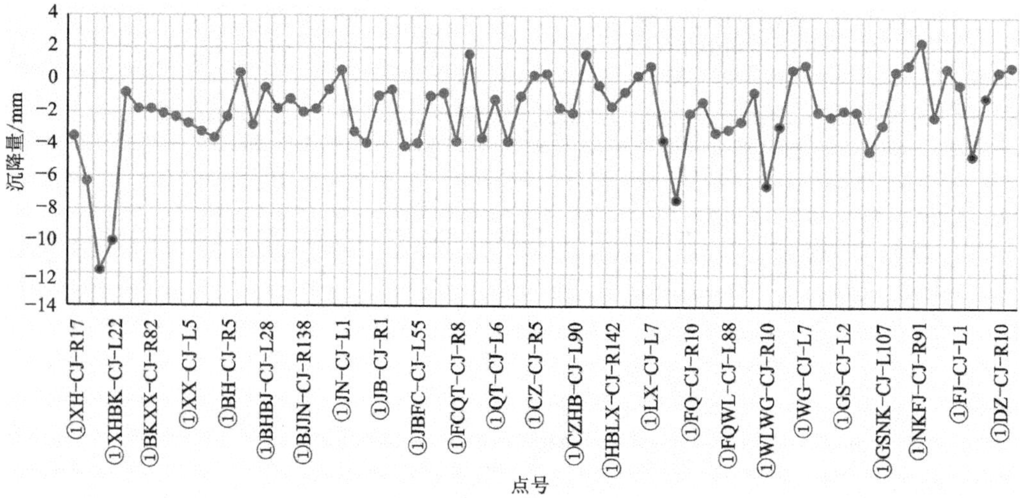
沉降量/mm
4
2
0
−2
−4
−6
−8
−10
−12
−14
①XH−CJ−R17
①XHBK−CJ−L22
①BKXX−CJ−R82
①XX−CJ−L5
①BH−CJ−R5
①BHBJ−CJ−L28
①BJJN−CJ−R138
①JN−CJ−L1
①JB−CJ−R1
①JBFC−CJ−L55
①FCQT−CJ−R8
①QT−CJ−L6
①CZ−CJ−R5
①CZHB−CJ−L90
①HBLX−CJ−R142
①LX−CJ−L7
①FQ−CJ−R10
①FQWL−CJ−L88
①WLWG−CJ−R10
①WG−CJ−L7
①GS−CJ−L2
①GSNK−CJ−L107
①NKFJ−CJ−R91
①FJ−CJ−L1
①DZ−CJ−R10
点号
(b)

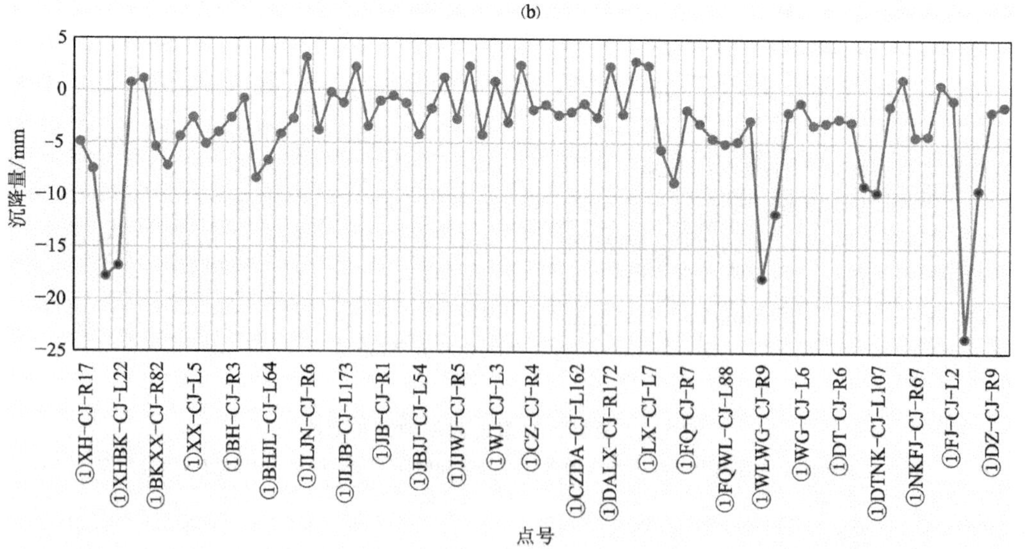
沉降量/mm
5
0
−5
−10
−15
−20
−25
①XH−CJ−R17
①XHBK−CJ−L22
①BKXX−CJ−R82
①XX−CJ−L5
①BH−CJ−R3
①BHJL−CJ−L64
①JLJN−CJ−R6
①JLJB−CJ−L173
①JB−CJ−R1
①JBJJ−CJ−L54
①JJWJ−CJ−R5
①WJ−CJ−L3
①CZ−CJ−R4
①CZDA−CJ−L162
①DALX−CJ−R172
①LX−CJ−L7
①FQ−CJ−R7
①FQWL−CJ−L88
①WLWG−CJ−R9
①WG−CJ−L6
①DT−CJ−R6
①DTNK−CJ−L107
①NKFJ−CJ−R67
①FJ−CJ−L2
①DZ−CJ−R9
点号
(c)

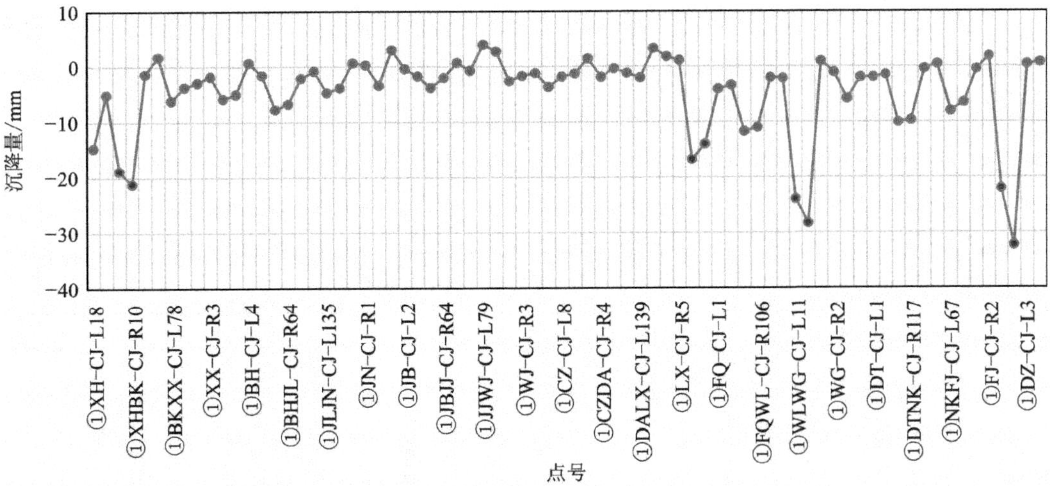
10
0
-10
-20
-30
-40
沉降量/mm
①XH-CJ-L18
①XHBK-CJ-R10
①BKXX-CJ-L78
①XX-CJ-R3
①BH-CJ-L4
①BHJL-CJ-R64
①JLJN-CJ-L135
①JN-CJ-R1
①JB-CJ-L2
①JBJJ-CJ-R64
①JJWJ-CJ-L79
①WJ-CJ-R3
①CZ-CJ-L8
①CZDA-CJ-R4
①DALX-CJ-L139
①LX-CJ-R5
①FQ-CJ-L1
①FQWL-CJ-R106
①WLWG-CJ-L11
①WG-CJ-R2
①DT-CJ-L1
①DTNK-CJ-R117
①NKFJ-CJ-L67
①FJ-CJ-R2
①DZ-CJ-L3
点号
(d)

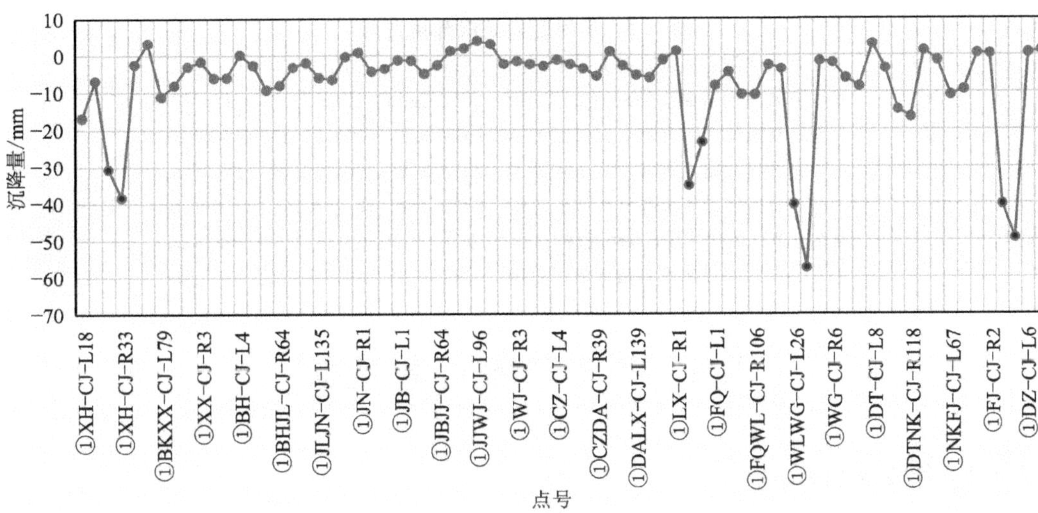
10
0
-10
-20
-30
-40
-50
-60
-70
沉降量/mm
①XH-CJ-L18
①XH-CJ-R33
①BKXX-CJ-L79
①XX-CJ-R3
①BH-CJ-L4
①BHJL-CJ-R64
①JLJN-CJ-L135
①JN-CJ-R1
①JB-CJ-L1
①JBJJ-CJ-R64
①JJWJ-CJ-L96
①WJ-CJ-R3
①CZ-CJ-L4
①CZDA-CJ-R39
①DALX-CJ-L139
①LX-CJ-R1
①FQ-CJ-L1
①FQWL-CJ-R106
①WLWG-CJ-L26
①WG-CJ-R6
①DT-CJ-L8
①DTNK-CJ-R118
①NKFJ-CJ-L67
①FJ-CJ-R2
①DZ-CJ-L6
点号
(e)

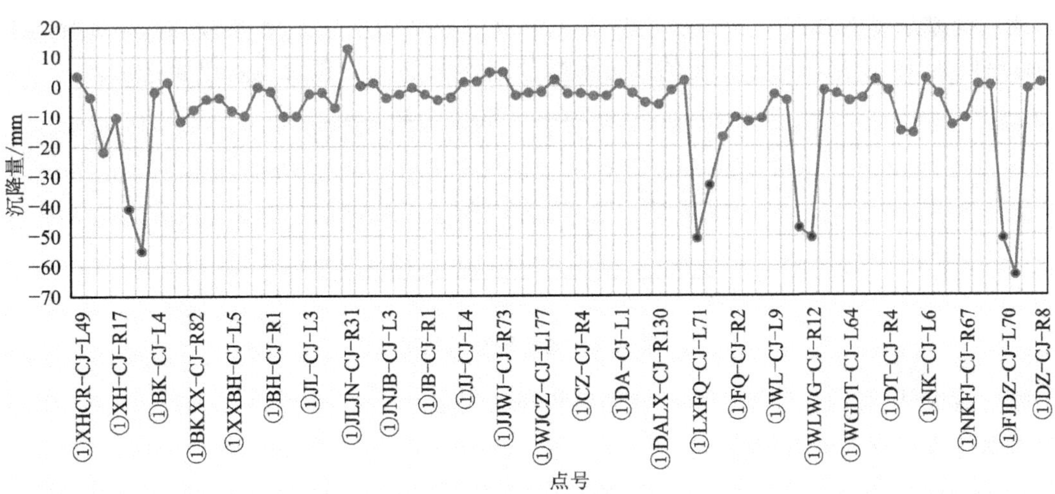
20
10
0
-10
-20
-30
-40
-50
-60
-70
沉降量/mm
①XHCR-CJ-L49
①XH-CJ-R17
①BK-CJ-L4
①BKXX-CJ-R82
①XXBH-CJ-L5
①BH-CJ-R1
①JL-CJ-L3
①JLJN-CJ-R31
①JNJB-CJ-L3
①JB-CJ-R1
①JJ-CJ-L4
①JJWJ-CJ-R73
①WJCZ-CJ-L177
①CZ-CJ-R4
①DA-CJ-L1
①DALX-CJ-R130
①LXFQ-CJ-L71
①FQ-CJ-R2
①WL-CJ-L9
①WLWG-CJ-R12
①WGDT-CJ-L64
①DT-CJ-R4
①NK-CJ-L6
①NKFJ-CJ-R67
①FJDZ-CJ-L70
①DZ-CJ-R8
点号
(f)

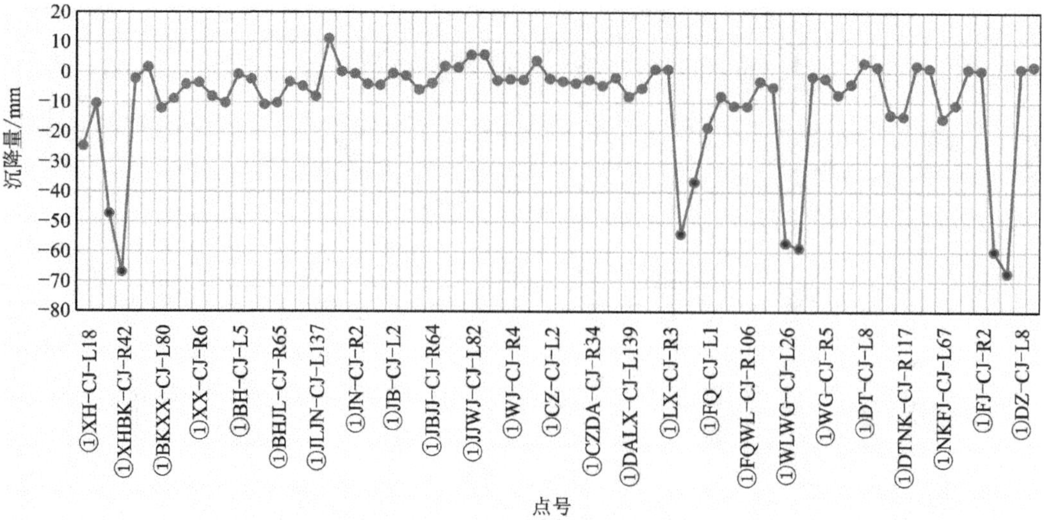

(g)

图 7.3　不同区间段沉降量汇总

(a)车站及区间道床沉降最大值汇总图　2012.6.27—2012.9.30　$T=95$ d;

(b)车站及区间道床沉降最大值汇总图　2012.11.6—2012.12.16　$T=39$ d;

(c)车站及区间道床沉降最大值汇总图　2013.1.25—2013.3.25　$T=60$ d;

(d)车站及区间道床沉降最大值汇总图　2013.7.25—2013.8.29　$T=35$ d;

(e)车站及区间道床沉降最大值汇总图　2014.5.4—2014.7.1　$T=58$ d;

(f)车站及区间道床沉降最大值汇总图　2014.12.25—2015.3.9　$T=76$ d;

(g)车站及区间道床沉降最大值汇总图　2015.6.19—2015.8.31　$T=72$ d

7.4　列车激振荷载模拟

7.4.1　正弦波模拟

(1)数学模型

成层地基示意图如图 7.4 所示。图 7.4 中双层地基的上层土厚度为 H_1，下层土厚度为 H_2，总厚度为 H，上层土和下层土的渗透系数分别为 k_1 和 k_2。假设地基单面排水。

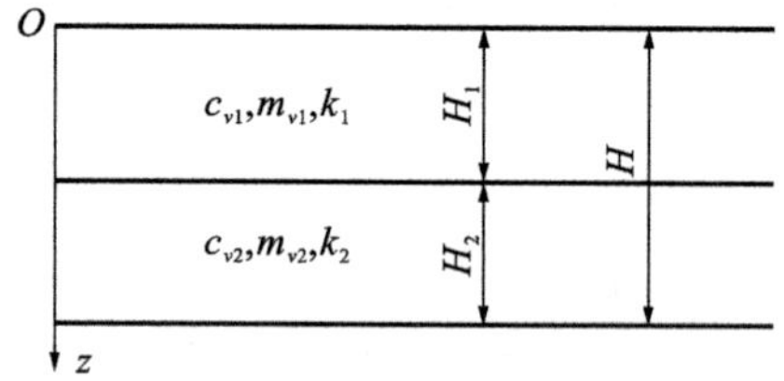

图 7.4　成层地基示意图

除荷载以外，做与太沙基一维固结理论相同的假定。

有效应力原理可表示为：

$$\delta_z + u = q(t) \tag{7-1}$$

式中：u 为超静孔压；$q(t)$ 为荷载。

荷载与时间关系如图 7.5 所示。

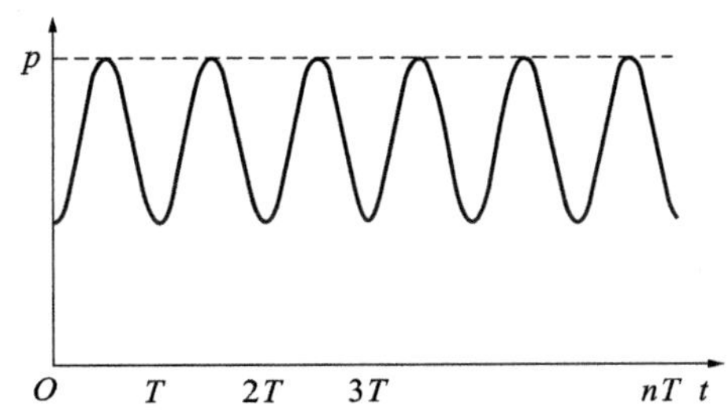

图 7.5　荷载与时间关系图

固结微分方程：

$$\frac{\partial p}{\partial t} - C_v \frac{\partial^2 p}{\partial z^2} = \frac{\mathrm{d}q}{\mathrm{d}t} \tag{7-2}$$

$$q(t) = q_0 \sin \frac{\pi t}{t_0} + q_1 \tag{7-3}$$

将式(7-3)代入式(7-2)中：

$$\frac{\partial p}{\partial t} - C_v \frac{\partial^2 p}{\partial z^2} = \frac{q_0 z}{t_0} \cos\left(\frac{\pi}{t_0} t\right) \tag{7-4}$$

控制方程的求解条件：

$$\left.\begin{aligned} z &= 0 \\ u &= 0 \end{aligned}\right\} \tag{7-5}$$

$$\left.\begin{aligned} z &= H \\ \frac{\partial u}{\partial z} &= 0 \end{aligned}\right\} \tag{7-6}$$

$$\left.\begin{aligned} t &= 0 \\ u &= q_1 \end{aligned}\right\} \tag{7-7}$$

其中式(7-5)、式(7-6)为边界条件，式(7-7)为初始条件。

(2)超静孔压的解

考虑单面排水的情况，由边界条件形式可设控制方程的通解为

$$u(z,t) = \sum_{k=0}^{\infty} T_k(t) \cdot \sin\left(\frac{k\pi + 0.5\pi}{H} z\right) \tag{7-8}$$

为了方便求解，令：

$$\left.\begin{aligned} A &= \frac{q_0 \pi}{t_0} \\ \omega &= \frac{\pi}{t_0} \end{aligned}\right\} \tag{7-9}$$

用分部积分解 $\int A_k \mathrm{e}^{A_1 t} \mathrm{d}t = \frac{A_2 \mathrm{e}^{A_1 t}[A_1 \cos(wt) + \omega \sin(wt)]}{A_1^2 + \omega^2}$，得：

$$T_k(t) = \mathrm{e}^{-A_1 t}\left\{\frac{2q_1}{k\pi + 0.5\pi} - \frac{A_1 A_2}{A_1^2 + \omega^2} + \frac{A_2 \mathrm{e}^{A_1 t}[A_1 \cos(wt) + \omega \sin(wt)]}{A_1^2 + w^2}\right\} \tag{7-10}$$

可得孔隙水压力的表达式为：

$$u=\sum_{k=0}^{\infty}\mathrm{e}^{-A_1 t}\left\{\frac{2q_1}{k\pi+0.5\pi}-\frac{A_1A_2}{A_1^2+\omega^2}+\frac{A_2\mathrm{e}^{A_1 t}[A_1\cos(wt)+\omega\sin(wt)]}{A_1^2+w^2}\right\}\sin\left(\frac{k\pi+0.5\pi}{H}z\right)$$

(7-11)

则以孔隙水压力的消散程度定义的固结度表示如下：

$$U=\frac{q_0\sin\frac{\pi t}{t_0}+q_1}{q_1+q_0}-\frac{1}{q_1+q_0}\sum_{k=0}^{\infty}\frac{\mathrm{e}^{-A_1 t}\left\{\frac{2q_1}{k\pi+0.5\pi}-\frac{A_1A_2}{A_1^2+\omega^2}+\frac{A_2\mathrm{e}^{A_1 t}[A_1\cos(wt)+\omega\sin(wt)]}{A_1^2+\omega^2}\right\}}{k\pi+0.5\pi}$$

(7-12)

再结合计算双层土固结沉降的新简化算法，计算出双层土的沉降。

(3)沉降计算及预测

用单层土来做循环荷载模拟，取土层高度 30 m，相关系数由固结试验结果分析得出，荷载周期 $T=1$ d，荷载的峰值 $q=50$ kN，振幅 $A=0.5$ kN，具体土体参数见表 7.1。

表 7.1 土体参数

参　数	数　值
回弹指数 C_c	0.03882
压缩指数	0.2695
初始孔隙比	1.0899
土的重度/（kN/m³）	18.84
POP/kPa	100
蠕变系数	0.003467
平均渗透系数/(m/d)	0.00008
土层高度/m	30

取湘湖站至滨康路站区间的点 XHBK-CJ-L26 进行预测模拟，将该点所在地的土体参数输入 MATLAB 界面，导出沉降数据进行二次分析，取出沉降报告中 2012 年 12 月 16 日、2013 年 3 月 25 日、2013 年 8 月 29 日、2014 年 7 月 1 日、2015 年 3 月 9 日、2015 年 8 月 31 日土体的监测沉降与计算所得对应的沉降量，用 origin 进行数据分析与预测，预测结果见图 7.6 和表 7.2。

表 7.2 沉降与误差分析预测表(一)

沉降量监测时间	实际沉降/mm	计算沉降/mm	误差分析
2012.12.16	−7.9	−10	26%
2013.3.25	−12.8	−16	25%
2013.8.29	−17.6	−22	25%
2014.7.1	−30.7	−34	7.71%
2015.3.9	−40.9	−42	18.09%
2015.8.31	−47.3	−48	21.14%
2017.12.16		−57	
2022.12.16		−80	
2027.12.16		−94	
2032.12.16		−104	

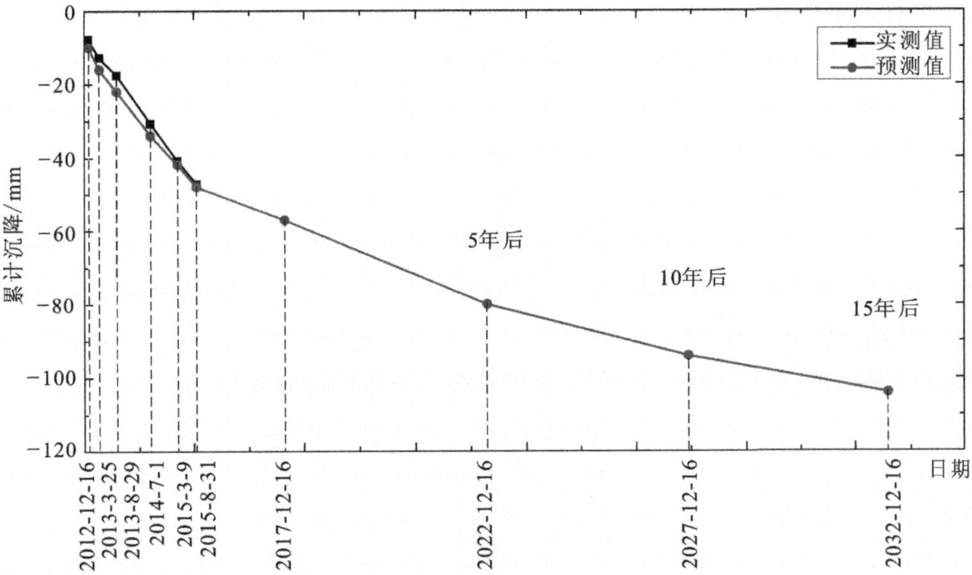

图 7.6　沉降实测值与预测值

7.4.2　多层地基模型预测

(1)数学模型

图 7.7 中双层地基的上层土厚度为 H_1,下层土厚度为 H_2,总厚度为 H,上层土和下层土的渗透系数分别为 k_1 和 k_2。假设地基单面排水。

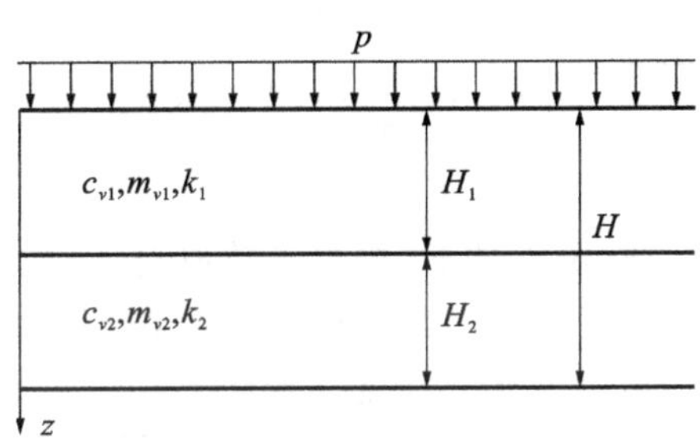

图 7.7　双层地基示意图

除荷载以外,做与太沙基一维固结理论相同的假定。

有效应力原理可表示为:

$$\delta_z + u = q(t) \tag{7-13}$$

式中:u 为超静孔压;$q(t)$为荷载。

固结微分方程:

$$\frac{\partial p}{\partial t} - C_v \frac{\partial^2 p}{\partial z^2} = \frac{\mathrm{d}q}{\mathrm{d}t} \tag{7-14}$$

$$q(t) = q_0 \tag{7-15}$$

将式(7-15)代入式(7-14)中:

$$\frac{\partial p}{\partial t} - C_v \frac{\partial^2 p}{\partial z^2} = 0 \tag{7-16}$$

控制方程求解条件是：

$$\left.\begin{aligned} z &= 0 \\ u &= 0 \end{aligned}\right\} \tag{7-17}$$

$$\left.\begin{aligned} z &= H \\ \frac{\partial u}{\partial z} &= 0 \end{aligned}\right\} \tag{7-18}$$

$$\left.\begin{aligned} t &= 0 \\ u &= q_1 \end{aligned}\right\} \tag{7-19}$$

(2)超静孔压的解

考虑单面排水的情况，由边界条件形式可设控制方程的通解为：

$$u(z,t) = \sum_{k=0}^{\infty} T_k(t) \cdot \sin\left(\frac{k\pi + 0.5\pi}{H} z\right) \tag{7-20}$$

代入控制方程中，得：

$$T'_k(t) + A_1 T_k(t) = 0 \tag{7-21}$$

$$A_1 = C_v \left(\frac{k\pi + 0.5\pi}{H}\right) \tag{7-22}$$

$$T_k(t) = C_k \mathrm{e}^{-A_1 t} \tag{7-23}$$

代入初始条件中，得：

$$T_k(0) = \frac{2}{H}\int_0^H q_0 \cdot \sin\left(\frac{k\pi + 0.5\pi}{H} z\right) \mathrm{d}z = \frac{2q_0}{k\pi + 0.5\pi} \tag{7-24}$$

$$C_k = \frac{2q_0}{k\pi + 0.5\pi} \tag{7-25}$$

$$u(z,t) = \sum_{k=0}^{\infty} \frac{2q_0}{k\pi + 0.5\pi} \cdot \mathrm{e}^{-A_1 t} \cdot \sin\left(\frac{k\pi + 0.5\pi}{H} z\right) \tag{7-26}$$

(3)沉降计算及预测

将土体视为双层土，第一层取粉质黏土，相关参数取自地层物理力学性质指标统计成果表中③-1 土层；第二层取黏土，相关系数由固结试验结果分析得出，具体参数见表 7.3。

表 7.3 双层土体参数表

土　　层	第一层	第二层
回弹指数	0.00621	0.03882
压缩指数	0.0621	0.2695
初始孔隙比	0.702	1.0899
土的重度/($\mathrm{kN/m^3}$)	20	18.84
POP/kPa	100	100
蠕变系数	0.003467	0.003467
平均渗透系数/(m/d)	0.0003	0.00008
土层高度/m	15	15

取湘湖站至滨康路站区间的点 XHBK-CJ-L26 进行预测模拟，将该点所在地的土体参数

输入 MATLAB 界面,导出沉降数据进行二次分析,取出沉降报告中 2012 年 12 月 16 日、2013 年 3 月 25 日、2013 年 8 月 29 日、2014 年 7 月 1 日、2015 年 3 月 9 日、2015 年 8 月 31 日土体的监测沉降与计算所得对应的沉降量,用 origin 进行数据分析与预测,预测结果见图 7.8、表 7.4。

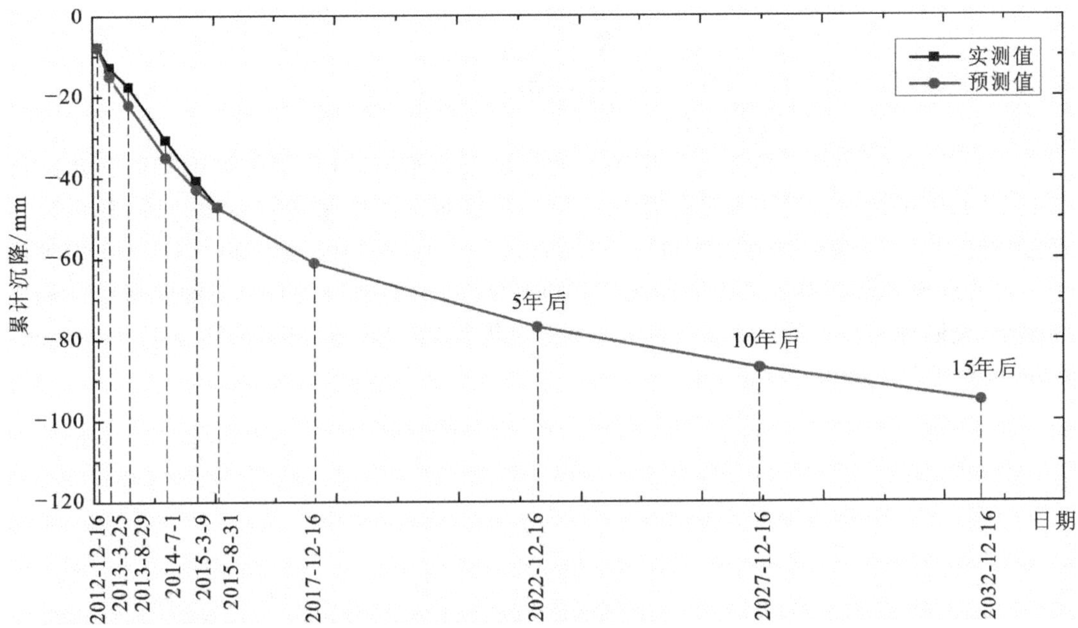

图 7.8　双层地基模型预测情况

表 7.4　沉降量与误差分析预测表(二)

时间	实测沉降/mm	预测值/mm	预测误差
2012.12.16	−7.9	−7.9	0
2013.03.25	−12.8	−15	17.19%
2013.08.29	−17.6	−22	25%
2014.07.01	−30.7	−35	14%
2015.03.09	−40.9	−43	5%
2015.08.31	−47.3	−47.3	0
2017.12.16		−61	
2022.12.16		−77	
2027.12.16		−87	
2032.12.16		−95	

7.4.3　小结

本章综合分析了杭州地铁 1 号线近年来的沉降数据,分析发现湘湖站—滨康路站区间、龙翔桥站—凤起路站区间、武林广场站—西湖文化广场站区间和火车东站风井—火车东站站区间的沉降量逐年增加，且没有明显减弱的趋势。通过与上海地铁沉降的数据对比分析发现，这四个区间段的后续沉降不容忽视。

根据杭州地铁区间地基软黏土试验所得到的参数，我们建立了简化的分析模型，分别用恒定荷载和动力循环荷载进行预测分析，选取了湘湖站至滨康路站区间 XHBK-CJ-L26 段进行分析。通过模型分析的沉降数据与实测数据的对比可以发现，用恒定荷载假定为列车的车辆荷载进行了沉降和蠕变分析，发现与已测试数据的误差分别为 0、17.19%、25%、14%、5%、0，误差范围为 0～25%，平均误差为 10.2%。

进一步的，我们建立了循环荷载作用下的多层土体模型，分析了湘湖站至滨康路站区间 XHBK-CJ-L26 的沉降。利用模型计算的结果与已有测试的结果进行对比分析，分析发现预测误差分别为 26%、25%、25%、7.71%、18.09%、21.4%，平均误差为 20.49%。考虑到模型基于一定的假设以及模型参数选取存在一定的差异性，预测结果具有一定的参考性。利用已有的模型，我们进一步分析预测了 5 年、10 年、15 年及 20 年后的沉降位移分别为 57 mm、80 mm、94 mm 和 104 mm。

8 结论及建议

本项目从杭州地区饱和软黏土的变形机理入手，分析了饱和软黏土在恒定荷载、加卸载、动力循环等不同荷载作用下的变形机理；通过统计杭州、宁波等软土地区地铁结构长期沉降监测数据，对不同结构形式、不同地层、不同结构连接处的沉降数据进行对比分析，研究各工程结构沉降之间的关系，寻找和确定地铁结构长期沉降的薄弱点，并对引发地铁结构长期沉降的原因进行分析；进一步通过建立循环荷载作用下的多层土体模型，提出了一种考虑蠕变特性的软土地基沉降新型简化算法，并结合工程实例对不同时间点的长期沉降进行预测。

(1)为了保证试样的均一性和预固结的有效性，本项目特制了饱和软黏土预固结模型试验箱。此模型试验箱能够保证饱和软黏土在特定的预固结压力下固结完成，保障了试验土样的均一性。

(2)我们通过一系列的一维固结、三维固结以及加卸载固结试验，得到了杭州地区饱和软黏土的固结参数 C_c 的平均值为 0.2372，由三轴固结试验求得 C_c 为 0.2435。两种试验下 C_c 值相差不大。通过蠕变试验得到饱和软黏土的蠕变系数 C_{ae} 为 0.003467。

(3)我们通过研究发现，以往针对饱和软黏土的长期变形计算没有考虑到主固结过程中的蠕变效应，但是针对深厚软黏土，其主固结时间很长，因此蠕变效应很明显，因此，本项目提出了考虑全过程蠕变效应的长期变形计算，并与美国海军的算法进行了对比，对比结果显示出本项目提出的计算方法精度较高，与实测值接近，可以较好地应用于深厚软黏土层的长期变形计算。

(4)饱和软黏土在动力荷载作用下的变形与静力作用下的变形特征存在很大的差异，本项目改装了动力固结试验仪器。该仪器能够实现荷载频率范围为 0.0001～1 Hz，并且能够控制动态偏移量、幅值、频率和波形。针对改进的试验仪器，我们进行了一系列饱和软黏土动力荷载下的变形试验，得到了饱和软黏土在动力荷载下的变形参数，进一步建立了饱和软黏土在动力荷载下的非线性变形计算模型。我们通过一系列的推导，得到了正弦荷载和三角形荷载下饱和软黏土地基的变形计算解析函数，并与结果进行了对比。经对比分析表明，得到的动力荷载模型具有较好的精度和可靠性。

(5)基于饱和软黏土一系列的试验和理论分析，本项目建立了成层地基的固结沉降计算模型，分别分析了单层地基、双层地基模型的长期沉降问题。进一步的，综合分析了杭州地铁 1 号线近年来的沉降数据，分析发现湘湖站—滨康路站区间、龙翔桥站—凤起路站区间、武林广场站—西湖文化广场站区间和火车东站风井—火车东站站四个区间段的沉降量逐年增加，且没有明显减弱的趋势。通过与上海地铁沉降的数据对比分析发现，这四个区间段的后续沉降情况不容忽视。

(6)针对杭州地铁 1 号线，我们选取了湘湖站至滨康路站区间 XHBK-CJ-L26 段进行模型预测分析，分别建立了恒定荷载和动力循环荷载模型，分析预测的结果与已有的测试数据进行了对比分析，预测结果的误差范围为 0～25％，平均误差为 10.2％。考虑到模型基于一定的假设条件以及模型参数选取存在一定的差异性，预测结果可靠。进一步分析预测了该沉降点处 5 年、10 年、15 年及 20 年后的沉降位移。

总体而言，杭州地铁区间地基软黏土具有较强蠕变特性，由于其蠕变特性导致地层的长期沉降较难稳定，考虑蠕变的沉降计算模型能较好地分析深厚软黏土层的沉降特性，可为长期沉降预测提供理论指导。研究成果对于后期类似隧道工程施工期及运营期变形因素分析及控制提供有益参考，相关成果可为深厚软土区域地铁隧道长期沉降变形分析提供理论研究基础和技术支撑。

在下一步的研究中，可针对下列问题继续开展研究：①针对多个工程案例，进一步改进和优化长期沉降预测模型，提高长期沉降预测精度；②研究不同地层地下水位变化对地铁隧道长期运营沉降的影响。

参考文献

[1] IDRISS I M,DOBRY R,SINGH R D. Nonlinear behavior of soft clays during cyclic loading[J]. Journal of Soil Mechanics and Foundation,1978,104(12):1427-1447.

[2] 李广信. 土力学[M]. 北京:清华大学出版社，2013.

[3] 张勇. 武汉软黏土的变形特征与循环荷载动力响应研究[D]. 武汉:中国科学院武汉岩土力学研究所,2008.

[4] 孙波. 交通荷载作用下软土地基的动力响应和长期沉降研究[D]. 杭州:浙江大学,2013.

[5] FENG W Q, B LALIT, YIN Z Y, et al. Long-term Non-linear creep and swelling behavior of Hong Kong marine deposits in oedometer condition[J]. Computers and Geotechnics, 2017,84:1-15.

[6] 孙德安,陈波,周科. 重塑上海软土的压缩和剪切变形特性试验研究[J]. 岩土力学,2010,31(5):1389-1394.

[7] HARDIN B O,DRNEVICH V P. Shear modulus and damping in soils:measurement and parameter effects[J]. Journal of the Soil Mechanics and Foundation Division, 1972, 98(6):603-624.

[8] PEACOCK W H,SEED H B. Sand liquefaction under cyclic loading simple shear conditions [J]. Journal of the Soil Mechanics and Foundations Division, ASCE, 1968, 94(SM3):689-708.

[9] 张金来,鲁晓兵,王淑云. 水平动载下饱和砂土地基液化区扩展[J]. 岩土工程技术,2004,18(1):8-10.

[10] 郭莹,贺林. 振动频率对饱和砂土液化强度的影响[J]. 防灾减灾工程学报，2009,29(6):618-623.

[11] 王桂宣,桑野二郎,竹村次朗. 循环荷载下砂质混合土孔隙水压力特性研究[J]. 岩土工程学报,2004,26(4):541-545.

[12] 张建民,王稳祥. 振动频率对饱和砂土动力特性的影响[J]. 岩土工程学报,1990,12(1):89-97.

[13] MATSUI T,OHARA H,ITO T. Cyclic stress-strain history and shear characteristic of clays[J]. Journal of Geotechnical Engineering,1980,106(10):1101-1120.

[14] 周建,龚晓南,李剑强. 循环荷载作用下饱和软粘土特性试验研究[J]. 工业建筑,2000,30(11):43-47.

[15] 周建,龚晓南. 循环荷载作用下饱和软粘土应变软化研究[J]. 土木工程学报,2000,32(5):62-68.

[16] 许才军,杜坚,周红波. 饱和软粘土在不排水循环荷载作用下孔隙水压力模型的建立[J].

上海地质,1997(3):16-21.
[17] 张茹,涂扬举,费文平,等. 振动频率对饱和粘性土动力特性的影响[J]. 岩土力学,2006,27(5):699-704.
[18] 潘林有,王军. 振动频率对饱和软粘土相关性能的影响[J]. 自然灾害学报,2007,16(6):204-208.
[19] 于洪治,何广讷,杨斌. 软土震陷特性的试验研究[J]. 大连理工大学学报,1996,36(1):76-82.
[20] 黎冰,高玉峰,丰土根. 振动频率对 LCES 动力特性的影响分析及其机理初探[J]. 岩土力学,2008,29(10) :2731-2734.
[21] 赵淑萍,何平,朱元林,等. 荷载振动频率对冻结兰州细砂蠕变特性的影响[J]. 岩石力学与工程学报,2006,25(增 2):4097-4103.
[22] 刘建峰,翟俨伟,裴建良,等. 不同频率循环荷载下大理岩动力学特性试验研究[J]. 河南理工大学学报:自然科学版,2014,33(4):432-436.
[23] 陈金友,郭林. 不同振动频率下软粘土的动应变特性研究[J]. 工程勘察,2013,7:18-21.
[24] 郭文,李强,王汝恒. 振动频率对饱和砂卵石土动模量和阻尼比影响的试验研究 [J]. 四川建筑科学研究,2007,33(6) :113-115.
[25] 姚振纲,刘祖华. 建筑结构试验[M]. 上海:同济大学出版社,1996.
[26] 陈国兴,刘夏珠. 南京及邻近地区新近沉积土的动剪模量和阻尼比的试验研究[J]. 岩石力学与工程学报,2004,23(8):1403-1410.
[27] KOKUSHO T. Cyclic triaxial test of dynamic soil properties for wide strain range[J]. Soils and Foundations,1980,2:45-60.
[28] SEED H B,WONG R T,IDRISS I M,et al. Module and damping factors for dynamic analyses of cohesionless soils[J]. Journal of Geotechnical Engineering,ASCE,1986,11:1016-1032.
[29] 周健. 土动力学理论与计算[M]. 北京:中国建筑工业出版社,2001.
[30] 赵志鹏. 城市地铁项目决策评价方法的研究[D]. 北京:中国建筑科学研究院,2009.
[31] 王波. 城市地下空间开发与利用问题的探索与实践[D]. 北京:中国地质大学,2013.
[32] 叶耀东,朱合华,王如路. 软土地铁运营隧道病害现状及成因分析[J]. 地下空间与工程学报,2007,3(1):157-160,166
[33] YASUHARA K, YAMANOUCHI T, HIRAO K. Cyclic strength and deformation of normally consolidation clay[J]. Soils and Foundations, 1982, 22(3): 77-91.
[34] KAMPALA A, HORPIBULSUK S, CHINKULLIJNIWAT A, et al. Engineering properties of recycled Calcium Carbide Residue stabilized clay as fill and pavement materials[J]. Construction and Building Materials, 2013, 46: 203-210.
[35] 凌建明,王伟,邬洪波. 行车荷载作用下湿软路基残余变形的研究[J]. 同济大学学报:自然科学版,2002, 30(11): 1315-1320.
[36] 高广运,徐大为,张先林,等. 地铁循环荷载作用下上海软土路基的长期沉降计算[J]. 桂林理工大学学报,2012,32(3): 370-374.
[37] 朱合华,徐前卫,郑七振,等. 软土地层土压平衡盾构施工参数的模型试验研究[J]. 土木

工程学报,2007(9):87-94.

[38] 李雪刚. 杭州海相软土的固化及其理论研究[D]. 杭州:浙江大学,2013.

[39] 叶向前,田春凌. 杭州地铁区间盾构施工地质风险源分析[J]. 城市勘测,2012,2:173-176.

[40] OKUMURA Y. Statistical analysis of field data of railway noise and vibration collected in an urben area [J] Applied Acoustics, 1991, 33(4):263-280.

[41] DEGRANDE G, SCHILLEMANS M, CHATTERJEE P, et al. Vibrations due to test train at variable speeds in a deep bored tunnel embedded in London Clay[J]. Journal of Sound and Vibration, 2006, 293(3-5): 626-644.

[42] GUPTA S, HUSSEIN M F M, DEGRANDE G, et al. A comparison of two numerical models for the prediction of vibrations from underground railway traffic[J]. Soil Dynamics and Earthquake Engineering,2007,27(7):608-624.

[43] 龚曙光,边炳传. 有限元基本理论及应用[M]. 武汉:华中科技大学出版社,2013.

[44] 费康,张建伟. ABAQUS 在岩土工程中的应用[M]. 北京:中国水利电力出版社,2010.

[45] ALTEMAN Z S, KARAL F C. Propagation of elastic waves in layered media by finite-difference methods[J]. Bulletin of the Seismological Society of America,1968,58(1):367-398.

[46] LYSMER J, KULEMEYER R L. Finite dynamic model for infinite media[J]. Journal of the Engineering Mechanics Division, ASCE, 1969, 95(4): 859-878.

[47] BETTESS P. Infinite elements[J]. International Journal for Numerical Methods in Engineering, 1977, 11(1): 53- 64.

[48] 王如路,刘健航. 上海地铁长期运营中纵向变形的监测与研究[J]. 地下工程与隧道,2001,4:6-11.

[49] WONG R C, THOMSON P R, CHOI E S C. In situ pore pressure response of native peat and soil under train load: a case study[J]. Journal of Geotechnical and Geoenvironmental Engineering, ASCE, 2006, 132(10): 1360-1369.

[50] TANG Y Q, CUI Z D, ZHANG X, et al. Dynamic response and pore pressure model of saturated soft clay around the tunnel under vibration loading of Shanghai subway[J]. Engineering Geology, 2008, 98(3): 126-132.

[51] TROCHIDES A. Ground-borne vibrations in buildings near subway[J]. Applied Acoustics, 1991, 32(4): 289-296.

[52] KOUROUSSIS G, VERLINDEN O, CONTI C. Free field vibrations caused by high-speed lines: measurement and time domain simulation[J]. Soil Dynamics and Earthquake Engineering, 2011, 31(4): 692-707.

[53] YUN C B, KIM D K, KIM J M. Analytical frequency-dependent infinite elements for soil-structure interaction analysis in two-dimensional medium[J]. Engineering Structures, 2000, 22(3): 258-271.

[54] BJERRUM L. Engineering geology of norwegian normally-consolidated marine clays as related to settlements of buildings[J]. Géotechnique, 1967, 17(2):83-118.

[55] NASH D F T, RYDE S J. Modelling consolidation accelerated by vertical drains in soils subject to creep[J]. Géotechnique, 2001, 51(3):257-273.

[56] KARSTUNEN M, VERMEER P A, LEONI M. Anisotropic creep model for soft soils [J]. Géotechnique, 2008, 58(3):215-226.

[57] HONG Z, YIN J, CUI Y J. Compression behaviour of reconstituted soils at high initial water contents[J]. Géotechnique, 2010, 60(9):691-700.